Renée Schüttengruber

HONIG FÜR DIE HAUT

Goldene Rezepte
für strahlende Schönheit

ISBN 978-3-99025-482-0

Layout: freya_art, Mag. Regina Raml-Moldovan
Lektorat: Mag. Dorothea Forster
Fotos: Renée Schüttengruber, weitere siehe Seite 136

printed by GPS-Group

Anmerkung: *Alle in diesem Text enthaltenen Anregungen, Beschreibungen, Tipps und Rezepte wurden mit großer Sorgfalt zusammengestellt und getestet. Dennoch kann aufgrund unterschiedlicher Rohstoffe, Ausgangsbedingungen und individueller Fähigkeiten nicht garantiert werden, dass die Informationen auf Ihre Situation zutreffen. Daher kann keinerlei Haftung für etwaige Verletzungen, Verluste oder andere Schäden übernommen werden, die aus der Verwendung der in diesem Text angebotenen Informationen resultieren.*

Renée Schüttengruber

Honig für die Haut

Goldene Rezepte für strahlende Schönheit

freya

Inhaltsverzeichnis

Einkaufsliste zur Herstellung von Honigkosmetik 39

Pflege-Rituale für Gesicht und Körper 55

Bade-, Dusch- und Haarpflege-Rituale 97

Rezeptindex

Kosmetik der Jahrtausende

Honig und dessen kosmetische Anwendungen sind so alt wie die Menschheit selbst, dies wurde mir schnell klar, als ich begann mich mit dem Thema auseinanderzusetzen.

Natürlich kennen viele Propolis und Bienenwachs, welches in einer Vielzahl an Emulsionen und Salben eingesetzt wird, aber kennen Sie auch die Anwendungen von Sauerhonig in der Kosmetik, sogenannte Oxymele?

Der Honig hat mich nicht mehr losgelassen und ich experimentierte zwei Jahre lang an den Anwendungen und Rezepten, außerdem baute ich das Thema in meine Kurse ein. Das Feedback war großartig.

Nach und nach entstand eine Vielzahl an Rezepten und ich erkannte die vielen Einsatzmöglichkeiten von Sauerhonig in Kombination mit Pflanzenauszügen.

Es gibt eine Vielzahl an Honig, Sauerhonig, Bienenwachs, Propolis und Gelée royale und die Bienenprodukte haben zahlreiche Anwendungen in der Naturkosmetik.

Die Vergangenheit

Seit der Antike umgibt sich der Mensch mit Bienen. Im pharaonischen Ägypten galten Honig und Bienenwachs als wichtiges Handelsprodukt neben Ölen und Weihrauch. Bienenvölker wurden in Tonröhren, später in Bienenkörben gehalten und als Gottesgeschenke verehrt. Salbengrundlagen waren Öle wie zum Beispiel Rizinusöl, Rindertalg, Hühnerfett sowie Schaffett und auch Bienenwachs. In den Gräbern der Ägypter wurden oft Massen an Salben als Beigaben gefunden und zusätzlich auch Weihrauch und Honig.

Nur wenigen Menschen war damals der Luxus gegönnt Lebensmittel als Kosmetik zu verwenden. Die ägyptische Königin Cleopatra konnte sich diesen Luxus leisten. So erzählt man sich bis heute, dass die schönste Frau Ägyptens in Eselsmilch, Honig und Rosenblättern gebadet hat. In einem Land, wo Milch und Honig fließen, war und ist das der Inbegriff von Wohlstand und Luxus.

Auch in Kreta tummelten sich Salbenköche, die ihre eigenen Bienenstöcke hegten und pflegten und Bienenwachs verkauften. In Zeiten Homers galt man zum Beispiel nur als sauber, wenn man Gesicht und Haar von einer dicken Fettschicht bedeckt hatte. Trockene Haare und Haut galten als schmutzig. In dieser Zeit entwickelte sich der erste Schönheits- und Salbenkult.

Über viele Jahrhunderte haben sich zahlreiche Anwendungsmöglichkeiten von Bienenprodukten entwickelt und wir haben gelernt, Honig und Honigprodukte für die Kosmetik zu nützen und zu schätzen. Heute können wir Honig im Geschäft oder direkt beim Imker kaufen. Viele Sorten stehen zur Auswahl, die aus unterschiedlichen Ländern kommen können. Die nicht weniger bedeutenden Bienenprodukte wie Propolis, Honigbrot *Perga* und Gelée royale sind ebenfalls für die Kosmetik einsetzbar.

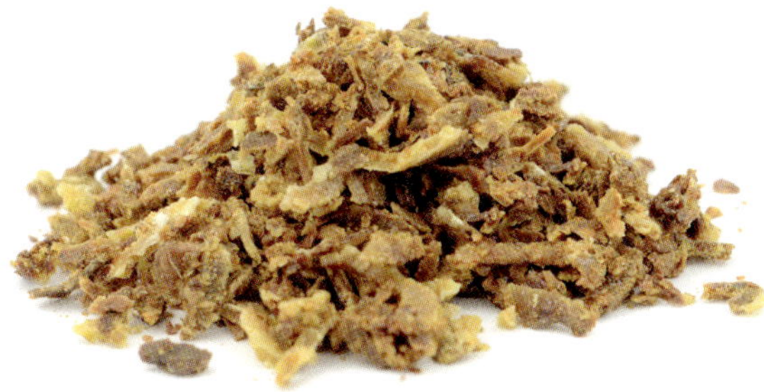

Jedes dieser Produkte beinhaltet so viel an Mineralien, Spurenelementen, Vitaminen und Aminosäuren, dass wir auf weitere Zusätze in selbst gemachter Kosmetik häufig verzichten können. Äußere Anwendungen, aber auch einige innere Anwendungen von Bienenprodukten sind möglich. Man kann Honig und die Nebenprodukte in Salben, Cremen, Emulsionen, Tonics und Masken einsetzen und ich habe viele neue Rezepte ausprobiert.

Spezielle Bienenpflanzen und deren Wirkstoffe nähren die Haut zusätzlich, und so könnte man sich selbst Kosmetik herstellen, die dem persönlichen Hauttyp entspricht und einem ausgesprochen guttut.

Die eigenen Hautfunktionen mit der Kraft der Bienen und natürlichen pflanzlichen Inhaltsstoffen zu unterstützen ist eine dankbare Aufgabe.

Honig

Wie entsteht Honig?

Eine Biene hat in ihrem Leben (Sommerbiene: Lebensdauer bis zu 8 Wochen) viele verschiedene Aufgaben zu erledigen, bis sie endlich für den sogenannten Außendienst, das Nektar- und Pollensammeln, eingesetzt wird. Erst nach dem 21. Tag ihres Lebens, wenn die Aufgaben im Bienenstock wie Reinigung, Fütterung der Brut und das Bauen der Waben erfüllt wurden, beginnt das Sammeln. Dann fliegt sie aus, von Blüte zu Blüte und saugt den Nektar mit ihrem Rüssel in ihren Körper, in die sogenannte Honigblase. Dort wird der Nektar mit weiteren Enzymen der Biene zwischengelagert, bis sie zum Bienenstock zurückkehrt. Dort angelangt, wird der Honig von einer Stockbiene übernommen. Nach und nach wird der wässrige Anteil des Honigs reduziert und Enzyme spalten den Honig in Traubenzucker und Fruchtzucker auf. Nachdem der Honig in einer Wabe gelagert wurde, dauert es ca. 4 Tage, bis daraus Honig in der uns bekannten Form wird. Die Waben werden von einer Stockbiene verdeckelt und dienen als Wintervorrat. Der Imker kann nun aus dem Bienenstock die Waben entnehmen, entdeckeln und mit Hilfe einer Honigschleuder den Honig aus den Waben befördern.

Die enorme Kraft der Inhaltsstoffe gilt es in der Naturkosmetik zu nutzen!

Was steckt im Honig?

Fertiger Honig besteht aus 80 % Zucker, vor allem Traubenzucker, Fruchtzucker, Malzzucker, Rohrzucker (bis zu 30 Zuckerverbindungen) und ca. 18 bis 20 % Wasser. Ein unglaublich großes Spektrum an Mineralien, Vitaminen, Säuren, Blütenpollen, Aminosäuren, Hormonen, Duft- und Aromastoffen, Enzymen und sekundären Pflanzenstoffen beinhaltet ein guter Honig. Dazu kommen entzündungshemmende Stoffe, sogenannte Inhibine, die unseren Körper vor Krankheiten schützen. Gerade in der Kosmetik decken wir so eine Vielzahl an Inhaltsstoffen ab, die unsere Haut vor freien Radikalen, Altersschäden und Hautirritationen schützen kann. Jeder Honig bzw. jede Honigsorte ist einzigartig und unterscheidet sich im Gehalt der Inhaltsstoffe.

Honigarten

Grundsätzlich werden zwei Arten von Honig unterschieden.

Blütenhonig

Bienen sammeln den Nektar von Pflanzen und je nach Gehalt einer gesammelten Sorte werden verschiedene Blütenhonig-Sorten angeboten. Honig mit Mischformen von Blütenarten wird als *Blütenhonig* verkauft. Ist das Angebot z. B. von Löwenzahn-Blüten groß genug, bleibt die Biene dieser Sorte treu und sammelt den Tag über nur vom Löwenzahn. So entsteht Löwenzahn-Honig. Blütenhonig ist immer lieblich im Geschmack.

- Blütenhonig-Sorten sind Rapshonig, Akazienhonig, Lindenblüten-Honig, Sonnenblumen-Honig, Kleehonig, Lavendelhonig, Rosmarinhonig, Alpenrosen-Honig, Manukahonig, Buchweizen-Honig uvm.

Waldhonig

Für den Waldhonig sammeln Bienen den *Honigtau*, das sind die süßen Ausscheidungen pflanzensaugender Insekten, die Waldbäume wie Tanne, Fichte oder auch Eiche besuchen. Auch hier gibt es Mischformen. Waldhonig ist in seinem Geschmack kräftig und würzig.

- Waldhonigsorten sind z. B.: Tannenhonig, Fichtenhonig, Eichenhonig, Lindenhonig

Spezielle Honigsorten

Manukahonig

Manukahonig unterscheidet sich von unserem herkömmlichen Honig durch den Inhaltsstoff Methylglyoxal (MGO). Bienen und Bienenstöcke werden zur Zeit der Blüte des Manukabaumes, auch genannt *Südsee-Myrthe*, auf Lastwägen zu den verschiedenen Plätzen in Neuseeland und Australien transportiert, um einen hohen Ertrag sowie einen hohen Gehalt der Inhaltsstoffe zu erreichen. Manukahonig gibt es mit unterschiedlichem MGO-Gehalt zu kaufen. Danach richtet sich auch der Preis.

Dieser Honig hat starke entzündungshemmende und bakterienhemmende Eigenschaften, die bei Infektionskrankheiten der Atemwege, Darm, Leber sowie schlecht heilenden Wunden zum Einsatz kommen. Je höher der MGO-Gehalt, desto höher die Wirkung.

Jedoch sei erwähnt, dass jede Art von Honig die Durchblutung von Wunden und den Abtransport von Giftstoffen fördert.

Aus Manukahonig wird zum Teil medizinischer, antibakterieller Honig hergestellt, der für Wundauflagen für Mensch und Tier verwendet wird. Dieser kommt bei tiefen, schlecht heilenden, übelriechenden Wunden zum Einsatz.

In der Kosmetik wird Manukahonig gerne bei Hautproblemen, Neurodermitis, Schuppenflechte/Psoriasis und Akne eingesetzt, um die Hautregeneration und Abheilung von Wunden und Entzündungen zu beschleunigen.

Eichenhonig – ein Radikalenfänger

Eichenhonig wird hauptsächlich in Griechenland erzeugt und von mir sehr geschätzt, da er als Radikalenfänger bekannt ist und mit seinem hohen Gehalt an Antioxidantien eine wirkliche Besonderheit darstellt. Gerade bei alternder und fahler Haut kann er gute Dienste leisten.

Alpenrosen-Honig / Rhododendron-Honig – Verjüngungskur für die Haut

Dieser Honig stammt aus Gebirgsregionen. Die Bienenstöcke kommen zur Blütezeit der Alpenrose in die jeweiligen Regionen, um einen hohen und reinen Ertrag zu erzielen. Alpenrosen-Honig ist bei trockenen Hautzuständen empfehlenswert, er schützt die Haut vor Austrocknung und erhält und regeneriert die Zellstruktur.

Honigmischungen mit Propolis und Gelée royale

Zusätzlich zu den verschiedenen Honigsorten gibt es auch Honigmischungen zu kaufen mit Propolis oder Gelée royale.

Gerne greife ich auf diese Honigvarianten zurück, um die vielen positiven Eigenschaften in meinen Rezepten zu nutzen.

Kauf und Lagerung

Für die kosmetischen Anwendungen in diesem Buch können Sie Honig bei einem Imker Ihres Vertrauens oder im Reformhaus kaufen. Welche Sorte Sie wählen, ist Ihnen überlassen. Sie können jeden Honig, sofern er nicht auskristallisiert ist, für die Rezepte in diesem Buch verwenden.

Ob ein Honig schnell auskristallisiert, ist kein Merkmal für minderwertige Qualität, sondern hängt davon ab, wie hoch der Anteil des Fruchtzuckers im Honig ist.

Bei 40 Grad kann Honig im Wasserbad wieder flüssig gemacht werden und ist so wieder bestens verwendbar für jede Kosmetik.

Kühl und dunkel gelagert hält Honig jahrelang.

Wie wirkt Honig auf uns?

Honig hat auf den menschlichen Körper unterschiedliche Wirkungen. Innerlich eingenommen kann er den Körper wärmen, fördert den Auswurf von Schleim, wirkt antibakteriell, entzündungshemmend und beruhigend. Unser Körper wird vitalisiert, zusätzlich werden die Konzentration und die Aufnahmebereitschaft erhöht.

Äußerlich angewendet wirkt Honig tonisierend, antiseptisch und wundheilend. Die Hautverträglichkeit von Blüten- und Waldhonig ist mit einem pH-Wert von 3,5 bis 5,5 ideal.

Weitere Bienenprodukte

Propolis

Propolis wird auch Kittharz genannt und besteht aus dem gesammelten Harz von Bäumen, welches die Biene mit Bienenwachs und Pollen vermengt. Es dient zum Schließen von Fugen und Spalten im Bienenstock. Auch tote Tiere und Eindringlinge werden mit dem Harz ummantelt und mumifiziert.

Propolis gilt als Heilmittel, wenn es um Hautkrankheiten und schlecht heilende Wunden im und um den Mundbereich (Herpes) geht. Innerlich eingenommen wirkt es als natürliches Antibiotikum und wird zur Regulierung des Immunsystems eingesetzt. Bevor Sie Propolis anwenden, sollten Sie unbedingt testen, ob Sie allergisch darauf reagieren. Propolis beziehe ich aus dem Reformhaus oder der Apotheke oder vom Rohstoffhändler für Naturkosmetik.

Blütenpollen

Blütenpollen oder Blütenstaub sind die männlichen Keimzellen der Blütenpflanzen.

Bienen streifen die Pollen über ihr Haupt in ihr Füßchen (Höschen) ab und sammeln dort die Pollen zu kleinen Brocken zusammen. Pollen wird von den Bienen gesammelt, um die Brut zu versorgen. Imker sammeln diese Pollen, indem sie den Bienen das Zurückkommen in den Bienenstock erschweren und sie ihre Pollenfüßchen an einen dünnen Draht abstreifen müssen.

Pollen

Pollen beinhalten Eiweiß und eine Vielzahl an Vitaminen und Mineralstoffen. Die kräftigende Wirkung auf unseren Körper, innerlich eingenommen oder äußerlich aufgetragen, ist enorm. Sie finden in diesem Buch dazu kräftigende Pollenbäder und einen Blütenpollen-Trunk mit Honig. Bei Pollenallergien werden ebenso Pollen gezielt eingesetzt, um entgegenzuwirken. Auch bei Blütenpollen sollte man vorab immer testen, ob man sie gut verträgt. Erhältlich sind sie im Reformhaus, in Apotheken oder beim Rohstoffhändler für Naturkosmetik.

Honigbrot – Perga

Honigbrot, auch Perga genannt, besteht aus fermentierten Pollen.

Die Polle, vermischt mit Drüsensekret und Honig, wird in den Waben eingelagert und anders als bei Honig mit Propolis verschlossen. Es beginnt eine Milchsäuregärung und es entstehen sechseckige Körnchen, die haltbar sind. Die Ernte von Bienenbrot ist ein schweres Unterfangen. Die eingefrorenen Waben müssen händisch zerkleinert und gesammelt werden. Honigbrot ist wahrer Luxus.

Durch die Fermentation kann unser Körper die darin enthaltenen Vitamine und Mineralstoffe besser aufnehmen. Es stärkt durch den hohe Vitamin- und Mineraliengehalt unser Immunsystem und unsere Zellen, und kräftigt dazu noch Haut, Haare und Nägel. Honigbrot ist gut einsetzbar als Tinktur (siehe Seite 35) aber auch, um Sauerhonig, sogenanntes Oxymel, reichhaltiger zu machen. Erhältlich ist Honigbrot im Reformhaus, in Apotheken oder beim Rohstoffhändler für Naturkosmetik.

Gelée royale – ewige Jugend

Wenn aus einem Ei eine Bienenmade schlüpft, so kann diese entweder mit Drüsensekret aus Honig und Pollen oder mit reinem Gelée royale gefüttert werden. Der Unterschied ist ein Wunder der Natur. Wird die Made mit dem Sekret Gelée royale gefüttert, so entsteht keine Arbeiterbiene, sondern in nur 16 Tagen eine Bienenkönigin. Diese Königin kann, anders als herkömmliche Bienen, etwa sechs Jahre leben.

Nicht umsonst wird Gelée royale in Hautcremen und in Fluids eingesetzt. Auch in Kapselform oder gelöst in Honig wird es am Markt angeboten. Es bietet uns eine Vielzahl an Vitaminen, Mineralien und Spurenelementen, die eine enorm stärkende Wirkung auf unsere Geschlechtsteile haben und dadurch auch auf unseren Hormonhaushalt und auf unser Blutsystem. Naturkosmetik-Produkte mit Gelée royale erzeugen ein gesundes Hautbild und einen natürlichen, wunderschönen Glow. Für alternde Haut ist es ein Luxus mit Wow-Effekt. Es ist in Kapselform oder frisch erhältlich im Reformhaus, in Apotheken oder beim Rohstoffhändler für Naturkosmetik.

Bienenwachs – Schutz und Stabilität

Zwischen der 12. und 15. Woche einer Arbeiterbiene sind die Wachsdrüsen aktiv und sie ist im Bienenstock für die Herstellung der Wabe zuständig. Beim Schleudern trennt der Imker Honig von Bienenwachs. Dieses wird eingeschmolzen und gereinigt und für eine Vielzahl an Produkten verwendet. Man braucht es für die Kerzenherstellung (rußfrei brennend), für Bienenwachs-Tücher, Ohrkerzen, Putzmittel und auch für kosmetische Artikel. Bienenwachs legt sich wie ein desinfizierender Schutzfilm nicht nur auf Holz und Möbel, sondern auch auf die Haut und wird als Konsistenzgeber eingesetzt, um Salben reichhaltiger zu machen. Basissalben und Balsame sind einfach und schnell selber zu produzieren. Erhältlich ist Bienenwachs im Reformhaus, in den Apotheken, beim Imker oder beim Rohstoffhändler für Naturkosmetik.

Ätherisches Honigöl

Eigentlich ist Honigöl kein ätherisches Öl, sondern ein Extrakt. Die gefüllten Honigwaben werden in Alkohol ausgezogen. Es entsteht eine süß duftende Flüssigkeit, die bei Hautleiden jeder Art eingesetzt werden kann. Honigöl wirkt auf den gesamten Organismus ausgleichend und ist schlaffördernd. Dadurch wird es auch gerne in der Badekosmetik eingesetzt. Erhältlich ist es im Reformhaus, in den Apotheken oder beim Rohstoffhändler für Naturkosmetik.

Bienengift

Bienengift wird von Bienen gewonnen, indem sie mit kleinen Stromimpulsen zum Stechen gereizt werden. Das so gewonnene Gift wird in der Medizin als Injektion oder in Tablettenform verabreicht und soll gegen Schmerzen und eine Vielzahl von Krankheiten, wie z. B. Senkung des Cholesterinspiegels, Rheuma und Arthrose, gute Dienste leisten.

In der Kosmetik wird es in Cremen eingesetzt, um die Kollagenbildung und eine durchblutungsfördernde Wirkung anzuregen. Auch kann es anstelle von Botox in die Haut eingebracht werden, um Fältchen damit zu glätten. Diese Behandlungen möchte ich nur der Vollständigkeit halber erwähnen. Sollten Sie sich für solche Behandlungen interessieren, sollten Sie sich mit einem Arzt beraten.

Grundprodukte herstellen – Sammeln im Jahreskreis

Sauerhonig – Oxymel für die äußere Anwendung

Besorgen Sie sich einen naturbelassenen Essig, der nicht pasteurisiert wurde. Ich bevorzuge Apfelessig. Er beinhaltet, ähnlich wie Honig, eine Vielzahl an Vitaminen (B, C, E, Provitamin A uvm.), Mineralien (Eisen, Zink, Kupfer, Silizium uvm.), Aminosäuren, Enzymen, Gerbsäure und Flavonoide und nährt die Haut hervorragend. Einerseits werden Hautschuppen gelöst, andererseits das Hautbild verjüngt. Bei Mischhaut, aber auch bei unreiner Haut sowie alternder und fahler Haut, verbessert Essig das Erscheinungsbild der Haut deutlich.

Sie können Ihre Essige selber herstellen. Dazu benötigen Sie eine Essigmutter und ausreichend Zeit. Wenn Sie sich dazu mehr einlesen möchten, empfehle ich Ihnen das Buch *Fermentista* von Andrea Bierwolf. Weitere Essigsorten, die Sie verwenden können, sind Honigessig und Weinessig.

In Essig und Honig können hervorragend Pflanzeninhaltsstoffe ausgezogen werden, die wasser- und säurelöslich sind und somit Ihre Kosmetik mit Pflanzenwirkstoffen bereichern. Anthocyane, Flavonoide, Chlorophyll, Gerbstoffe sowie alle B-Vitamine und Vitamin C können so gelöst werden. Sowohl Obst, Wurzeln, Knospen, Kräuter und/oder Blüten können für Ihre Ansätze verwendet werden. Ich persönlich richte mich immer gerne nach Saison, Angebot und nach den Vorlieben der Bienen.

Pflanzen für Sauerhonig im Jahreskreis

Frühling

Im Frühjahr können Knospen in Sauerhonig angesetzt werden wie z. B. Apfelknospen, Johannisbeer-Knospen, Lindenknospen oder Aprikosenknospen .

Sie beinhalten viele Vitamine, Spurenelemente und Mineralstoffe die gerade im Frühjahr unsere Haut nach den Strapazen des Winters auf die ersten warmen Sonnenstrahlen perfekt vorbereiten. **Obstknospen** sind für alle Hauttypen geeignet. **Lindenblüten** beinhalten Schleimstoffe, die bei Problemhaut, Akne und fettender Haut entzündungshemmend sind und zusätzlich eingesetzt werden können.

Rosskastanien-Blüten möchte ich speziell für Menschen, die an *Couperose* oder *Rosacea* leiden, hervorheben. Rosskastanien sowie deren Blüten enthalten Tannine und haben eine kapillarverengende Wirkung.

Gänseblümchen

Veilchen

Gundermann

- **Gänseblümchen** *Bellis perennis* sind Dauerblüher und können so übers ganze Jahr in unserer Kosmetik eingesetzt werden. In den Überlieferungen gelten sie als Medizin der armen Leute, denn sie wirken entzündungshemmend und wundheilend. Bei unreinen Hautzuständen, Akne sowie fettigen Hauttypen gut einsetzbar.

- **Veilchen** *Viola odorata* haben eine positive Wirkung auf unser Lymphsystem, glätten die Haut und schützten vor Schwangerschaftsstreifen und Falten.

- **Gundermann** *Glechoma hederacea* oder Gundelrebe kann bei entzündlichen Hautzuständen eingesetzt werden. Gerade bei Pusteln und Akne in der Pubertät ist die Gundelrebe ein guter Helfer.

Sommer

- Im Sommer hilft **Schafgarbe** *Achillea millefolium* bei entzündlichen Hautzuständen, sie wirkt adstringierend und wundheilend.

- **Ringelblume** *Calendula officinalis* wirkt wundheilend, ist sehr gut geeignet bei Akne, hat antiseptische Wirkung, ist entzündungshemmend und beruhigend und wirkt Sonnenschäden entgegen.

- **Melisse** *Melissa officinalis* hat eine ausgleichende und beruhigende Wirkung, regeneriert und fördert das Abklingen von Infektionen auf der Haut. Die Melisse ist eine der Lieblingspflanzen von Bienen.

- **Salbei** *Salvia officinalis* hat stark entzündungshemmende Eigenschaften und eine Bakterien abtötende Wirkung. Salbei ist adstringierend, eiweißfällend und gerbend. Gerade deshalb ist die Pflanze bei Akne und für fette Haut geeignet.

Schafgarbe

Ringelblume

Salbei

- **Johanniskraut** *Hypericum* wirkt, innerlich eingenommen, stimmungsaufhellend und macht die Haut lichtsensibel. Äußerlich aufgetragen wirkt es aber als Lichtschutz auf der Haut, ist entzündungshemmend, antibakteriell und gut bei Blutergüssen und Verstauchungen. Juckreiz lässt sich damit lindern.

- **Hollerblüten** *Sambucus* betören mit ihrem moschusartigen Geruch, sind stark entzündungshemmend und finden bei mir nicht nur als Tee Verwendung, sondern auch als Badezusatz mit Rosenblätter bei Schmerzen und um mich tief entspannen zu können.

- **Rosenblüten** *Rosaceae* sind für jede Haut geeignet, ausgleichend, entzündungshemmend, stimulierend und beruhigend. Gerade alternde Haut profitiert sehr. Sie können alle Rosen verwenden, sofern sie nicht gespritzt sind.

- Marillen und Kirschen – beide Fruchtsorten haben es in sich. **Marillen** versorgen uns mit vielen wichtigen Vitaminen, -C, B3, Niacin und Beta-Carotin, das unser Körper in Vitamin A umwandelt und als Radikalfänger für unsere Haut so wichtig ist, wenn es darum geht uns vor Sonnenstrahlen zu schützen.
Kirschen beinhalten einen roten Farbstoff *Antocyan* genannt, der uns äußerlich vor freien Radikalen und Hautalterung schützt und innerlich blutbildend wirkt. Kirschen enthalten viel Folsäure, Vitamin A und Magnesium!

Glow-Effekt!

- Weitere **Obstsorten**:
Apfel, Johannisbeeren und Himbeeren, auch sie strotzen nur so vor Vitalstoffen für unsere Haut!

Rosenblüten

Herbst

- Im Herbst sammle ich in der Wildnis **Hagebutten** und trockne diese. Sie sind reich an Vitaminen. Gerade das Vitamin B3 Niacin ist für die Talgregulierung enorm wichtig und beugt Altersschäden vor.

- **Apfelscheiben**, getrocknet oder frisch, sind immer verfügbar und ergeben tolle Sauerhonige für die Haut. Sie wirken ausgleichend und machen die Haut frisch und widerstandsfähiger.

- **Sanddorn** *Hippophae rhamnoides* ist ein Frischeturbo durch den hohen Gehalt an Vitamin C. Die orangeroten Beeren sind tolle Radikalfänger.

- **Weintrauben** sind ein Muss, wenn es darum geht, den Körper zu erfrischen. Früher wurden wochenlang Traubenkuren gemacht, um die Leber zu entgiften. Heute wissen wir, dass Weintrauben Resveratrol und OPC (oligomere Procyanidine) beinhalten. Diese sekundären Pflanzenstoffe haben eine verjüngende und regenerierende Wirkung auf unsere Haut. Natürliches Anti-Aging also für den ganzen Organismus.

Sanddorn

- **Hopfenzapfen** findet man im späteren Herbst beim Spaziergang am Waldrand. Hopfen ist hautberuhigend und stimuliert die Kollagenbildung in den Hautzellen. Er lässt sich ideal mit Safran kombinieren, da dieser die Haut strafft und Zellschäden gar nicht erst entstehen lässt. Diese Kombination wird in der chinesischen Medizin eingesetzt, um Hautprobleme auszugleichen.

- **Quitten** gehören zu meinen absoluten Lieblings-Obstsorten, wenn es um die Versorgung unserer Haut geht. Die gesamte Frucht tut der Haut gut. Sie ist ein sogenannter Alleskönner. Sehr ausgleichend, schützend und feuchtigkeitsbindend.

Winter

Im Winter bringe ich Frische in meine Kosmetik, indem ich meine gesammelten Beeren, wie zum Beispiel: Sanddorn, Aprikosen, Himbeeren, Johannisbeeren uvm., aus der Tiefkühltruhe hole.

Kreieren Sie einzigartige Sauerhonige. Sie werden sehen, wenn Sie sich ein wenig mit den Eigenschaften der Pflanzen beschäftigen, finden Sie Ihre perfekte Mischung.

Quitte

Sauerhonig ansetzen (Oxymel)

Sauerhonig verdünnt, regeneriert die Haut und da er leicht sauer ist, ist er ideal geeignet, um fertige Kosmetikprodukte nicht nur mit Inhaltsstoffen zu versorgen, sondern auch den pH-Wert der Haut (5,5) einzustellen.

Basisrezept für Sauerhonig (Oxymel)

Zutaten:

- ⅓ Honig
- ⅔ Apfelessig
- Kräuter, Blüten z. B. Rosenblätter oder Obst (frisch oder getrocknet)

TIPP:

Kaufen Sie Honigmischungen mit Gelée royale und Propolis, das vereinfacht das Arbeiten sehr. Natürlich können Sie Propolisharz und Gelée royale auch einzeln den Mischungen beifügen.

Herstellung:

Vermischen Sie den Essig mit dem Honig zu einer homogenen Flüssigkeit. Füllen Sie ein Glas Ihrer Wahl mit ca. ⅓ an Obst oder Pflanzenteilen voll (frisch oder getrocknet). Übergießen Sie die Pflanzen- oder Obstteile mit dem Honig-Essig-Gemisch, sodass alle Pflanzenteile gut bedeckt sind und das Glas bis zum Rand befüllt ist.

Dann wird das Glas verschlossen und mindestens 10 bis 14 Tage zum Ausziehen an einen kühlen Ort gestellt und jeden Tag geschüttelt.

Danach durch einen Papierteefilter abfiltern und in sterile Flaschen füllen.

» *Kühl und trocken gelagert sind die Sauerhonige mindestens ein halbes Jahr lang haltbar.*

Propolistinktur

Zutaten

- ⅓ Propolisharz
- ⅔ 70 %iger Weingeist

Herstellung:

Propolisstücke klein schneiden und einige Stunden einfrieren.

Danach rasch in einer Kaffeemühle klein reiben und in ein Glas füllen.

Mit Weingeist (erhältlich in der Apotheke) aufgießen und mindestens 4 bis 6 Wochen kühl und dunkel ausziehen lassen. Immer wieder schütteln.

Danach durch einen Papierteefilter abseihen und in Pipettenfläschchen füllen.

TIPP:

Fügen Sie im Frühling Ihrer Tinktur ein paar Johannisknospen hinzu. Auch diese gelten als natürliches Antibiotikum.

VORSICHT!

Bei Anwendungen auf der Haut kann es zu Kontaktallergien kommen. Darum bitte immer eine kleine Menge an der Arm-Innenseite testen.

Anwendung:

Für eine innere Anwendung unbedingt mit Wasser verdünnen, bis der Alkoholgehalt höchstens 40 % ist. Kann mit etwas Honig gesüßt werden.

1 bis mehrmals täglich 3–10 Tropfen der Propolistinktur mit etwas Honig in den Mund nehmen.

Die Tinktur kann bei Herpes simplex, Zahnfleisch-Verletzungen und zur Immunisierung angewendet werden.

Füllen Sie die Tinktur in eine kleine Sprühflasche und geben Sie die Flasche für Notfälle in die Handtasche. Ein Sprühstoß bei Abgeschlagenheit, Schmerzen oder Magenweh. Propolis ist vielseitig einsetzbar und ein natürliches Antibiotikum.

In der Kosmetik verwende ich Propolis in Lippenbalsam und Hautemulsionen, bei Akne und Problemhaut sowie fettiger Haut.

Tinkturen herstellen

In meinem Garten habe ich im Sommer bis Herbst eine große Menge an Blüten der Nachtkerze. Alle zwei bis drei Wochen entferne ich die ausgezogenen Pflanzenteile aus dem Weingeist und gebe wieder frische Blüten hinzu. So erhalte ich nach dem Sommer eine intensivere und wirkungsvollere Tinktur.

Obstansätze sind herrlich für die Haut und schnell gemacht. Gerade wenn man zu viel Obst hat, kann man dieses schnell und einfach in Alkohol ansetzen.

TIPP:
Nachtkerzenblüten immer abends ernten – am Tag sind die Blüten schon verblüht.

Wenn Sie die Ansätze auch innerlich anwenden möchten, so verdünnen Sie diese mit Wasser und Honig auf ca. 40 % Alkoholgehalt.

Pflanzentinkturen werden durch einen Papierteefilter abgefiltert, kühl und dunkel gelagert und sind jahrelang haltbar. Sie transportieren einerseits Pflanzeninhaltsstoffe in unsere Kosmetik und dienen uns andererseits als natürliche Konservierung.

Für Gesamtmischungen sollte der Gehalt an Tinkturen nicht mehr als 10 bis 15 % betragen, damit der Alkohol die Haut nur gering austrocknet (bei fettiger Haut).

In den Rezepten für trockene Haut und alternde Haut werden alkoholische Auszüge geringer eingesetzt, um ein Austrocknen der Haut zu verringern.

Basisrezept für Pflanzentinkturen

auch als Konservierung von Cremen

Zutaten

- Pflanzenteile
  z. B. Nachtkerzenblüten
- 70 %iger Weingeist
  (für Kosmetik)
- stilles Mineralwasser oder
  Heilwasser

Herstellung:

Füllen Sie ein Glas mit ca. ⅓ Pflanzenteilen voll.

Dann übergießen Sie diese mit 70 %igem Weingeist. Verwenden Sie aus der Apotheke fertige Mischungen oder mischen Sie es selbst prozentuell mit Wasser und verdünnen ihn so auf 70 %.

Zugeschraubt lasse ich das Glas für mindestens 3 Wochen an einem halbschattigen Ort stehen und schüttle es regelmäßig, damit die Pflanzeninhaltsstoffe gut gelöst werden.

Einkaufsliste zur Herstellung von Honigkosmetik

Was man alles braucht

Hier finden Sie die genauen Erklärungen von Rohstoffen, die ich in diesem Buch für meine Rezepte verwendet habe.

Alle Zutaten sind in Reformhäusern, Apotheken oder im Rohstoffhandel für Naturkosmetik zu erwerben. Siehe auch Anhang Seite 133.

Pflanzenwässer aus Wasserdampfdestillation

Hamamelishydrolat

Dieses Hydrolat wird aus Blättern und Rinde des Zaubernussstrauches gewonnen. Es hat eine stark entzündungshemmende Wirkung und ist bei Akne und stark juckenden Hautzuständen empfehlenswert.

Melissenhydrolat

Melisse hat eine sehr ausgleichende und entzündungshemmende Wirkung auf unseren Körper. Es ist somit für alle Hauttypen sehr gut geeignet.

Nerolihydrolat

Nerolihydrolat (Orangenblüten-Hydrolat) gehört zu meinen absoluten Lieblingen. Es harmonisiert, ist ausgleichend und vermischt sich perfekt mit dem Duft von Honig. Für jede Haut eine Wohltat.

Rosenhydrolat

Rosenhydrolat wird aus den Blütenblättern von Rosen gewonnen und hat eine entzündungshemmende, pflegende und gerade für alternde Haut stimulierende und ausgleichende Wirkung. Sein Duft harmoniert gut mit Honig.

Salbeihydrolat

Dieses Pflanzenwasser wirkt antibakteriell und stark entzündungshemmend. Es vermindert die Entstehung von Pilzen und Bakterien auf der Haut und kann bei Kratzakne und juckenden Hautzuständen gut eingesetzt werden.

Wasser

Sollten Sie kein Hydrolat verwenden wollen, können Sie stattdessen Wasser in allen Rezepten einsetzen. Kaufen Sie entweder destilliertes Wasser (absolut rein) oder Heilwasser (in Drogerien erhältlich). Auch stilles Mineralwasser ist möglich.

Salbei

Basis- und Wirkstofföle

Aprikosenkern-Öl

Eine gute Alternative zum Mandelöl stellt Aprikosenkern-Öl dar. Es hat wie Mandelöl zellschützende Eigenschaften und ist ideal bei empfindlicher und trockener Haut. Wir erreichen dadurch einen natürlichen Glow auf der Haut!

Himbeersamen-Öl

Das Wirkstofföl ist gut verträglich, wenn es darum geht, sensible Hauttypen vor UV-Strahlen und Umwelteinflüssen zu schützen. Darum verwende ich es auch hauptsächlich in der Sonnenkosmetik und für After-Sun-Produkte. Es hat eine antibakterielle und klärende Wirkung und das Abheilen von Wunden bei Hauttypen, die zur Akne neigen, wird beschleunigt.

Macadamianuss

Jojobaöl

Dies wird fälschlicherweise als Öl bezeichnet, jedoch ist es ein Basiswachs, dass bei Zimmertemperatur flüssig ist. Kühl gelagert wird das Öl fest. Ein Faktor, warum Emulsionen und Salben mit Fetten und Ölen nicht im Kühlschrank gelagert werden. Es würde zu einer Aufspaltung der Verbindungen kommen und die Emulsion würde gerinnen. Jojobaöl ist neben Mandelöl meine erste Wahl, wenn es darum geht, Kräuter auszuziehen, da es die Eigenschaft hat, nicht ranzig zu werden. Es hält sich jahrelang. Es reguliert den Schutzmantel der Haut und ist für jede Haut gut verträglich. Es zieht hervorragend ein und hinterlässt keinen Glanz.

Macadamianuss-Öl

Dieses Öl ist als Massage- und Regenerationsöl zu sehen. Ich setze es bei alternder, rauer und im Winter bei pflegebedürftiger Haut in festen Bodylotions ein oder als Wirkstofföl in Emulsionen. Es zaubert weiche und widerstandsfähige Haut. Es beinhaltet viel Palmitinsäure, welche die Haut mit Feuchtigkeit versorgt und die oberste Hautschicht stabilisiert.

Mandelöl

Mandelöl gehört zu den Basisölen, die zellschützende Eigenschaften aufweisen, viel Vitamin E beinhalten und einen leichten Film auf der Haut hinterlassen. Als Massageöl und für Emulsionen bestens geeignet. Es weist ein geringes Allergiepotenzial auf und kann ideal verwendet werden, um Kräuter damit auszuziehen.

Moringaöl

Ist ein Öl, das sowohl als Basisöl als auch als Wirkstofföl Verwendung findet. Es ist gut haltbar und ich verwende es in Kombination mit Bernstein. Es hat eine antibakterielle, regenerierende und feuchtigkeitsspendende Wirkung und in Kombination mit Nachtkerzen-Öl ist es für jugendliche Aknehaut sehr zu empfehlen. Bernsteinauszüge unterstützen diese Wirkung noch.

Moringasamen

Nachtkerze

Nachtkerzen-Öl

Dieses ganz besondere Wirkstofföl wird aus den Samen gewonnen und ist mein absolutes Lieblingsöl, da es die Haut wie ein Schutzfilm umhüllt und für alle Hauttypen gut geeignet ist. Es hat entzündungshemmende Eigenschaften und ist gerade bei Hautkrankheiten als Zusatz in Ölmischungen sehr beliebt. Ich setze es in Emulsionen und in der Badekosmetik ein. Zum Beispiel im ALL-in-ONE-Duschgel für die ganze Familie.

Traubenkern-Öl

Gehört zu den Basisölen und wird gerne als Anti-Aging-Öl eingesetzt, aber auch als Alternative für Mischhaut, da es sehr schnell einzieht und kaum einen Fettfilm auf der Haut hinterlässt. Der hohe Gehalt an Linolsäure sei erwähnt, diese pflegt unsere Haut und macht sie mit weiteren Vitaminen wie E und C zu einem Öl der Superklasse, gerade bei alternder Haut.

Weizenkeimöl

Ist eine Wirkstofföl für alternde und zu Hautproblemen neigende Haut. Es regeneriert sehr schön und mildert Falten. Es weist einen hohen Gehalt an Vitamin E auf.

Wildrosenkern-Öl

Diese Wirkstofföl gehört zu den lichtinstabilen und hoch aktiven Ölen, da es einen hohen Gehalt an ungesättigten Fettsäuren hat. Am besten im Kühlschrank lagern und schnell aufbrauchen. Es stimuliert die Zellen und regeneriert sie. Neben Granatapfel-Samenöl und Nachtkerzen-Öl für mich eines der besten Wirkstofföle für alternde, zu Pigmentflecken und Sonnenflecken neigende Haut. Auch als Narbenpflege wird es gerne eingesetzt.

Weizenkeime

Butter und Wachse

Hanfsamen-Butter

Hanfbutter wird aus Hanfsamen-Öl, Sheabutter und Kakaobutter gemischt und bietet eine gute Grundbasis für Salben. Sie zieht rasch ein und schützt empfindliche und alternde Haut.

Kakaobutter

Kakaobutter hat eine sehr ausgleichende Wirkung auf den Talgfluss der Haut. Für trockene Haut und Kinderhaut ist sie sehr zu empfehlen.

Jojobawachs

Ist das Wachs, welches Sie in Ihren Rezepten gegen Bienenwachs austauschen können. Es ist etwas weicher und die vegane Variante, um Cremen herzustellen. Es beinhaltet eine Vielzahl an Fettsäuren und Vitaminen und ist ausgleichend. Wie auch Jojobaöl wird es nicht ranzig.

Rosenwachs

Die Wachsschichten der Rosen werden verwendet, um dieses Luxuswachs herzustellen. Es riecht herrlich und kommt in meinen Formulierungen oft zum Einsatz. Lippenstift und Cremen können so leicht beduftet und der Feuchtigkeitsverlust verringert werden.

Jasminwachs

Jasminwachs wird wie Rosenwachs aus den Blütenblättern gewonnen. Die dünne Wachsschicht wird gesammelt und hinterlässt in Cremen, Balsamen und Lippenstiften einen herrlichen Duft. Gerade bei trockener Haut sind Blütenwachse ideal, um den Feuchtigkeitsverlust zu reduzieren.

TIPP:

Um Emulsionen zu beduften und reichhaltiger zu machen, einfach etwas Jasmin- oder Rosenwachs zugeben und von der Bienenwachsmenge abziehen!

Emulgatoren

Phytosteryl Macadamiate

INCI: Phytosteryl Macadamiate
Eine alternative, vegane Variante zum herkömmlichen Lanolin. Gerade wenn Sie allergisch gegen Wollwachs sind, bindet es, genau wie Lanolin, viel Flüssigkeit und hinterlässt ein angenehmes Hautgefühl. Sehr reichhaltig und pflegend, regenerierend, schnell einziehend und entzündungshemmend. Einsatzkonzentration: 1 bis 10 %

Softlanae 649 MB

INCI: Bis-Diglyceryl Polyacyladipate-2
Dieser Emulgator ist eine weitere vegane Alternative zu Lanolin anhydrid. Er ist hautverträglich und kann so wie Lanolin viel Wasser speichern. Er ist hitzestabil und erzeugt wundervolle Produkte, die keinen schweren Fettfilm hinterlassen. Einsatzkonzentration: 0,5 bis 30 %

TIPP:
Viele meiner Emulsionen kommen ohne Emulgatoren aus.

Fluid Lecithin Super

INCI: Phosphatidylcholine, Carthamus Tinctorius Seed Oil, Glycerin, Caprylic-Capric Triglyceride, Alcohol, Sunflower Seed Oil Glyceride, Soy Acid, Ascorbyl Palmitate, Tocopherol
Ist ein sehr pflegender Emulgator. Der Vorteil ist, dass er in kalten und warmen Formulierungen eingesetzt werden kann. Gerade zur Herstellung von leichten Fluids ist er bestens geeignet.

Färberdistel
(Carthamus tinctorius)

Ätherische Öle

Bitte verwenden Sie ätherische Öle sparsam. Ein Tropfen ätherisches Öl enthält reichlich Pflanzeninformation.

Als Faustregel gilt: Weniger ist mehr!

- Für 50 ml Gesichtspflege nehme ich 3 bis 5 Tropfen ätherisches Öl
- Für 50 ml Duschgel und Shampoos oder Körperöle nehme ich 6 bis 10 Tropfen ätherisches Öl.

ÄTHERISCHE ÖLE FÜR IHRE HONIGKOSMETIK	
Benzoe absolue	für trockene, sehr reife Haut, konservierend, beruhigend, ausgleichend
Bergamotte	stimmungsaufhellend, regenerierend
Blutorange	erfrischt und beruhigt die Haut zugleich
Grapefruit	toller frischer Duft, festigend, straffend, vitalisierend
Ho-Blatt	pflegend, stärkend, schützend
Honig-Extrakt	stärkt und glättet die Haut (alkoholischer Auszug, kein ätherisches Öl)
Karottensamen	regenerierend, hautberuhigend
Lavendel	entzündungshemmend, wundheilend, ausgleichend, zellerneuernd
Limette	zusammenziehend, straffend, antibakteriell

Ylang-Ylang

Magnolie	regeneriert, zellerneuernd, macht widerstandsfähiger
Manuka	stärkt die Funktionen der Haut, gegen Hautentzündungen und Akne
Melisse	ausgleichend, entzündungshemmend
Nelkenöl	desinfizierend, schmerzlindernd
Palmarosa	regeneriert die Talgproduktion, sehr pflegend, frischer und sehr angenehmer Duft in Hautcremen
Rainfarn Tansy Blue	hautberuhigend und harmonisierend
Rose	pflegend, beruhigend, zellerneuernd
Rosengeranie	straffend, vitalisierend, ausgleichend, zellerneuernd
Rosenholz	hautberuhigend, entspannend
Rosmarin	belebend, durchblutungsfördernd
Wacholder	wärmend, entschlackend, durchblutungsfördernd
Weihrauch	entspannend, antibakteriell, ausgleichend
Wintergrün	schmerzstillend, stimmungsaufhellend
Ylang-Ylang	ausgleichend, stimulierend, regenerierend
Zypresse	schmerzstillend, durchblutungsfördernd

Gel und Gelbildner

Guarkernmehl

INCI: Cyamopsis Tetragonoloba Gum, E412, 3500cps

Ist ein natürlicher Gelbildner, den ich gerne als Stabilisierung in Cremen einsetze. Er dient als Stabilisator und als Verdickungsmittel.

Aloe-Vera-Gel

Aloe-Vera-Gel kann man als Gel fertig kaufen oder man verwendet ein Stück der Pflanze und schält sie. Man nimmt das Innere des Blattes, das ist eine durchsichtige Gelmasse ohne der gelben Flüssigkeit Aloin, die hautreizend wirkt. Das Gel wird püriert.

TIPP:
Ich stelle das Gel selber her, portioniere es in Eiswürfelformen und friere es ein. So habe ich immer Aloe-Vera-Gel im Haus und kann es für meine inneren und äußeren Anwendungen nehmen.

Tenside

SCS

INCI: Sodium Coco-Sulfate

SCS ist eine Tensid in Pulverform. Es macht hautverträglichen Schaum und ist für reife und trockene Haut bestens geeignet, da es einen leichten Schutzfilm nach dem Waschen hinterlässt. SCS lässt sich gut verarbeiten. Bitte bei der Verarbeitung unbedingt Atemschutz tragen, der Staub kann die Atemwege reizen.

Betain

INCI: Cocoamidopropyl Betaine

Ist ein hautverträgliches Tensid in flüssiger Form, das wenig schäumt und daher für Mizellenwasser gut einsetzbar ist. Sie können es aber auch für Duschgele und Haarshampoos benützen.

Aloe Vera

Wirkstoffe

Vitamin E

Vitamin E stellt die Basis jeder Pflege dar. Es stabilisiert Formulierungen, vor allem dann, wenn es sich um Rezepte mit hohem Öleinsatz handelt. Vitamin E reduziert Hautprobleme, Entzündungen und lässt die Haut glatt und ebenmäßig aussehen.

Sodium PCA

Ist ein Salz, dass in Formulierungen feuchtigkeitsbindende Eigenschaften aufweist. Es bewirkt, dass Hautfluids kein Spannungsgefühl hinterlassen.

D-Panthenol

Die Haut wandelt diesen synthetisch hergestellten Wirkstoff in Vitamin B 5 um. Bei Sonnenschäden und als Anti-Aging-Zutat wirkt Vitamin B 5 zellregenerierend und wundheilend.

Hyaluronpulver

INCI: Sodium Hyaluronate

Hyaluron ist ein natürlicher Bestandteil unseres Körpers. Hyaluron kann viel Flüssigkeit binden und ist ideal für Hautemulsionen und Fluids, um die Haut gut zu durchfeuchten – Anti-Aging. Mischen Sie immer nieder- und hochmolekulares Hyaluronpulver, damit alle Hautschichten davon profitieren können.

Molkepulver

Molkepulver entsteht bei der Herstellung von Käse und besteht aus Milchzucker und Eiweiß. Molke reinigt die Haut sehr gut, versorgt sie mit Nährstoffen und wirkt regenerierend auf die Hautfunktionen. Ideal als Badezusatz.

Hefe

Hefe versorgt die Haut mit Vitalstoffen und die enthaltene Folsäure ist bei Akne hilfreich. Ideal zur Reinigung und Klärung!

Konservierung und Alkohole

Pentylene-Glycol

Dieser mehrwertige Alkohol dient als feuchtigkeitspendendes und hautverträgliches Konservierungsmittel.

Glycerin

INCI: Glycerol

Glycerin ist ein rein pflanzlicher Zuckeralkohol und bindet Feuchtigkeit.

Weingeist

INCI: Ethylalkohol

Weingeist oder Ethanol ist reiner Alkohol und kann in verschiedenen Konzentrationen in der Apotheke, Reformhaus oder im Rohstoffhandel für Kosmetik gekauft werden. Eine 70 %ige Konzentration dient dem Einsatz als Konservierung und als Ansatzalkohol für Tinkturen in der Kosmetik. Bei einer innerliche Einnahme solcher Tinkturen, die meist Kräuter oder Obst als Auszugsmaterial haben, sollte die Konzentration mit Wasser auf höchstens 40 % verdünnt werden.

Tonerde – Heilerde

Tonerde, auch Heilerde genannt, hat unterschiedliche Eigenschaften und ist reich an Mineralien. Anwendungen findet sie in Reinigungsemulsionen, Wickeln, Masken, Bädern und der Seifenherstellung. Es gibt sie von grob bis ganz feine Körnungen.

Grüne Heilerde
Allrounder, sehr gut für das Bindegewebe

Blaue Heilerde
für empfindliche Haut, reinigt Problemhaut und bei Akne

Gelbe Heilerde
für normale und Mischhaut, empfindliche Haut

Weiße Heilerde
für empfindliche und reife Haut

Rosa Heilerde
für sehr sensible Haut

Lila Heilerde
für trockene und feuchtigkeitsarme Haut

Rote Heilerde
für unreine und fettige Haut, außerdem für Zellulite

Zinkoxid

Zinkoxid ist ein weißes Pulver, das beim Wachstum von Bakterien auf der Haut eine eindämmende Wirkung zeigt (gegen Akne). Außerdem ist Zinkoxid ein mineralischer Sonnenschutz. Es ist ein natürliches Produkt, das aus Zink-Erz hergestellt wird.

Micas

Micas sind kosmetische Pigmente, die man bereits in großen Farbvarianten kaufen kann. Sie werden für die Einfärbung von Kosmetika eingesetzt, z. B. für Lippenstifte, Lidschatten, Rouge.

Heilerde

Micas

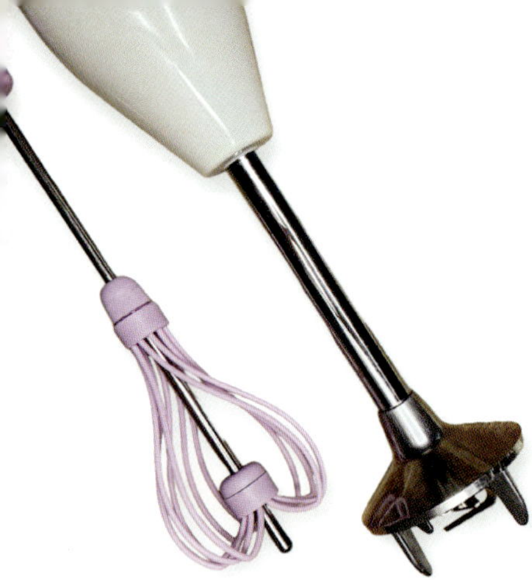

Materialliste

- Herdplatte
- Desinfektionsmittel
- 2 Feuergläser oder Teegläser
- Stabmixer und Spatel zum Kaltrühren
- Weingeist
- Einweghandschuhe
- Thermometer (am besten zwei, für jedes Feuerglas einen)
- Feinwaage
- Küchenrolle
- Desinfizierte Glastiegel oder Pumpspender zum Abfüllen

Übersicht der Arbeitsschritte

- Alle Materialien laut Rezept herrichten. Küchenrolle ausbreiten und darauf arbeiten. Alle Utensilien und Cremetiegel/Fläschchen desinfizieren.
- Die Fett-Öl-Phase in einem Feuerglas abwiegen, ohne Butter. Butter separat abwiegen und herrichten. Fett-Öl-Phase im Feuerglas in einem zweiten Topf (Wasserbad) am Herd erhitzen (60 bis 75 Grad). Vom Herd nehmen und die Butter hinzugeben und schmelzen lassen. Nochmals kurz auf 60 bis 75 Grad erhitzen.
- Wasserphase in einem separaten Feuerglas abwiegen. Wasserphase im Feuerglas (im Wasserbad) erhitzen auf ca. 60 bis 75 Grad (siehe Rezeptangaben).
- Die Wasserphase und die Fett-Öl-Phase sollten die gleiche Temperatur haben. Mit dem Stabmixer die Wasserphase in die Fett-Öl-Phase hochtourig einrühren – **NICHT UMGEKEHRT**!
- Intensiv mit dem Stabmixer rühren, danach mit einem Spatel weiterrühren. In die jetzt lauwarme Emulsion werden die gewünschten Wirkstoffe, wie zum Beispiel Honig oder Tinkturen eingearbeitet. Danach nochmals mit dem Stabmixer hochtourig mixen.
- Emulsionen in desinfizierte Tiegel füllen. Beschriften und kühl und trocken lagern. Nicht im Kühlschrank!

Pflege-Rituale für Gesicht und Körper

Reinigung – wichtig, um schöne Haut zu garantieren

Reinigungsprodukte für Gesicht und Dekolleté gehören zu jenen Kosmetikartikeln, die am wenigsten verwendet werden, obwohl sie für schöne Haut unverzichtbar sind. Sie bereiten die Haut perfekt vor, damit weitere Pflegeprodukte wie Fluids und Tages- oder Nachtemulsionen gut in die Haut diffundieren können.

Herkömmliche gesiedete Seifen gehören nicht dazu. Sie trocknen die Haut aus und zerstören die Lipidschicht. Kein Hauttyp profitiert von dieser Anwendung, da der pH-Wert vieler Seifen bei 9 bis 10 und höher liegt, unsere Haut aber zum Schutz des Hydro-Lipidfilms einen pH-Wert von 5,5 braucht. PH-neutrale Versionen von festen Duschseifen (nicht gesiedet) hingegen sind gut geeignet.

Waschschaum mit Sauerhonig

Sanfte Reinigung für das Gesicht

So ein Waschschaum ist gut geeignet für fette Haut und Mischhaut. Löst Make-up und Wimperntusche von der Haut und schützt durch pflegende Öle und Sauerhonig die Lipidschicht. Am Morgen und am Abend Waschschaum anwenden, um die Haut von Schmutz und Talg zu befreien und sie perfekt vorzubereiten für die weitere Hautpflege mit Tonics, Fluids und Emulsionen.

Zutaten:

- 22 g Waschbasis Betain
- 10 g fertiger Sauerhonig aus Rosenblättern und/oder Hagebutten
- 10 g Aprikosenkern-Öl für trockene Haut – Traubenkern-Öl für fettige Haut oder Mischhaut
- 6 g Tinktur (70 %) aus Rosenblättern
- Ätherische Öle:
  2 Tropfen Ylang-Ylang
  3 Tropfen Blutorange
  3 Tropfen Grapefruit

Herstellung:

Füllen Sie alle Inhaltsstoffe in einen Schaum-Pumpspender. Erst durch den Pumpmechanismus wird aus der Flüssigkeit ein toller Schaum.

Sauerhonig macht Ihre Haut streichelweich und zart. Der pH-Wert wird durch den Essig im Sauerhonig schon auf 5,5 eingestellt.

» *Die Tinktur konserviert den Schaum für ca. 3 Monate.*

Sauerhonig

Zutaten:

- ⅓ Honig Ihrer Wahl
- ⅔ Apfelessig

Herstellung:

Vermischen Sie den Essig mit dem Honig zu einer homogenen Flüssigkeit.

Füllen Sie ein Glas zu ⅓ mit frischen oder getrockneten Rosenblättern und/oder Hagebutten (schwarzes Köpfchen abschneiden, damit der Sauerhonig ins Innere der Hagebutte dringen kann, aber die Härchen nicht löst, auch ideal zum Trocknen).

Übergießen Sie die Pflanzenteile mit dem Honig-Essig-Gemisch, sodass alle Pflanzenteile gut bedeckt sind und das Glas bis zum Rand befüllt ist.

Das Glas verschlossen mindestens 10 bis 14 Tage zum Ausziehen an einen kühlen Ort oder in den Kühlschrank stellen und jeden Tag schütteln.

Danach durch einen Papierteefilter abfiltern und in sterile Flaschen füllen.

BASISREZEPT
für Sauerhonig (Oxymel) siehe Seite 32.

Tinkturansätze

Zutaten:

- ⅓ Rosenblätter
- ⅔ 70 %iger Weingeist

Herstellung

Die Rosenblätter mit dem Weingeist übergießen und 2 bis 4 Wochen an einem kühlen Ort ausziehen lassen.

Abfiltern und kühl und dunkel lagern.

BASISREZEPT
für Pflanzentinkturen siehe Seite 37.

Schüttellotion zum Abschminken

für empfindliche, trockene und alternde Haut

Schüttellotionen sind die einfachste Version seine Haut zu pflegen, ohne langwieriges Rühren oder viele Zutaten. Siehe auch Schüttellotion mit Propolis Seite 90.

Zutaten:

- 22,5 g Heilwasser oder Hydrolat, z. B. Salbeihydrolat (bei Hautunreinheiten)
- 4 g 70 %iger Weingeist, z. B. Ringelblumentinktur (bei Mischhaut und fetter Haut) oder 2,5 g Pentylene Glycol (bei fahler und trockener Haut)
- 15 g Mandelöl
- ½ TL Alpenrosen-Honig oder Honig mit Gelée royale und Propolis gemischt

Herstellung:

Weingeisttinktur oder Pentylene Glycol mit dem Honig mischen und in eine Sprühflasche geben. Danach Öl und Wasser zugießen und in der Flasche vermengen. Fertig ist die Abschminkemulsion.

Anwendung:

Sprühflasche gut schütteln und auf ein Wattepad sprühen. Damit das Gesicht und Dekolleté reinigen. Danach mit klarem Wasser nachspülen.

Reinigungsemulsion mit Aloe Vera

für sehr trockene und empfindliche Hauttypen

Zutaten:

- 4 g Bienenwachs
- 10 g Kokosöl
- 10 g Kakaobutter
- 26 g Jojobaöl
- 10 g Aloe-Vera-Gel frisch
- 10 g Nachtkerzen-Tinktur aus 70 %igem Alkohol
- 5 Tr. ätherisches Lavendelöl
- 2 g blaue oder rosa Tonerde
- 2 g Betain-Tensid

Herstellung:

Schneiden Sie den Trieb der Aloe-Vera-Pflanze vorsichtig mit einem Messer ab und lassen Sie den entstehenden gelben Saft einige Minuten herausrinnen. Diesen verwenden wir nicht, da er Hautreizungen auslösen kann. Danach mit einem Sparschäler die Aloe Vera aufschneiden und mit einem Löffel auskratzen.

Das erhaltene Gel mit einem Pürierstab zerkleinern und auf 80 Grad ca. 5 Minuten erhitzen und beiseitestellen.

Bienenwachs, Kakaobutter sowie Kokos- und Jojobaöl abwiegen. Zusätzlich verwenden wir Nachtkerzen-Tinktur (zellschützend und als Konservierung) sowie ätherisches Lavendelöl. Öle und Bienenwachs schmelzen und in der Restwärme die Kakaobutter aufschmelzen. Nun kurz mit einem Stabmixer die Öle mixen und langsam das Aloe-Vera-Gel und die dazugemischte Tinktur einrühren. Es entsteht eine leichte Emulsion, die beim Kaltrühren mit dem Spatel noch etwas eindickt.

Danach noch das ätherische Lavendelöl, Betain und Tonerde in die kühle Lotion rühren und in kleine Tuben abfüllen.

» *Haltbarkeit ca. 3 Monate*

Gesichtstonics

Gesichtstonics sind herrlich erfrischend. Sie tonisieren das Gesicht und durch ihre leicht saure Note lösen sie sanft abgestorbene Hautschuppen. Poren werden ausgewaschen und Mineralstoffe und Vitalstoffe in die Haut eingebracht. Vitamine wie B 3 (Niacin) helfen mit ihren Eigenschaften die Poren zu verfeinern und Altersflecken vorzubeugen.

Hopfen-Safran-Sauerhonig

Hopfen hilft bei Problemhaut und Akne, stimuliert die Haut, aber auch die Kollagenbildung. In Kombination mit Safran ist dieser Sauerhonig zellverjüngend und belebt die Haut deutlich.

Herstellung:

Vermischen Sie den Essig mit dem Honig zu einer homogenen Flüssigkeit (lt. Grundrezept siehe Seite 32).

Füllen Sie ein Glas mit frischem oder getrocknetem Hopfen sowie Safranfäden (20 Fäden auf 250 ml). Übergießen Sie die Pflanzenteile mit dem Honig-Essig-Gemisch, sodass alle Pflanzenteile gut bedeckt sind und das Glas bis zum Rand befüllt ist.

Dann wird das Glas verschlossen und mindestens 10 bis 14 Tage zum Ausziehen an einen kühlen Ort oder in den Kühlschrank gestellt und jeden Tag geschüttelt.

Danach durch einen Papierfilter abfiltern und in sterile Flaschen füllen. Nun ist der Sauerhonig einsatzbereit.

SAUERHONIG VARIANTEN:

Für Mischhaut: Ringelblumen
Für trockene Haut: Marillen/Aprikosen (ohne Kerne)
Für empfindliche Haut: Melisse

Gesichtstonic mit Sauerhonig, Hopfen und Safran

zellverjüngend und belebend

Zutaten:

- 50 g Apfelsaft (naturtrüb)
- 100 g Heilwasser oder Hydrolat
- 1½ TL fertiger Sauerhonig mit Hopfen und Safranfäden
- 15 g Tinktur (70 %) z.B. Nachtkerze (bei Mischhaut und fettiger Haut) oder 8 g Pentylene Glycol (bei trockener und empfindlicher Haut)

Herstellung:

Alle Zutaten gut mischen und in eine Sprühflasche füllen, die man vorab mit Weingeist ausspült.

» *Haltbarkeit 4 Monate*

Anwendung:

Nach der Reinigung das Tonic auf ein Wattepad sprühen und damit das Gesicht klären.

Gesichtstonic mit Rosenblüten und Honig

Zutaten:

- 250 ml Heilwasser
- 25 g 70 %ige Rosenblätter-Tinktur (bei Mischhaut und fetter Haut) oder 12,5 g Pentylene Glycol (bei fahler und trockener Haut)
- 3 EL getrocknete oder frische Rosenblätter
- 1 bis 2 TL Zitronensaft frisch, ohne Fruchtfleisch
- 4 g Honig Ihrer Wahl z. B. Waldhonig, Blütenhonig oder spezielle Sorten mit Gelée royale und Propolis. Alpenrosen-Honig, Manuka-Honig
- 3 Tropfen ätherisches Rosenöl oder Rosenpelargonie (regeneriert die Haut)

Herstellung:

Eine Handvoll Blütenblätter mit Heilwasser und dem ausgewählten Alkohol in Weingeist oder Pentylene Glycol einlegen und Zitronensaft hinzugeben, damit sich die Farbe aus den Blütenblättern lösen kann. Danach auch noch den Honig darin auflösen und über Nacht im Kühlschrank zugedeckt ziehen lassen.

Am nächsten Tag durch einen Papierfilter abfiltern und das ätherische Öl hinzufügen. Alles in eine Sprühflasche füllen.

» *Haltbarkeit 3 Monate*

Anwendung:

Nach der Reinigung das Tonic auf ein Wattepad sprühen und damit das Gesicht klären.

Eibisch-Honig-Tonic

bei Hautirritationen und Akne

Eibischwurzel kann man in der Apotheke bekommen oder man baut diese unkomplizierte Pflanze im Garten an. Schon nach einem Jahr hat Eibisch viele Ausläufer und Sie können beginnen, einen Teil der Wurzeln im Herbst auszugraben, zu reinigen, zu schälen und in kleinen Scheiben zu trocknen. Diese für die Kosmetik verwenden.

Eibischwurzeln sind für trockene, zu Hautirritationen und zu Entzündungen neigende Haut eine Wohltat, da das Gel, welches sich durch den Kaltauszug bildet, die Haut überzieht und so wie ein Schutzmantel wirken kann. Gerade bei Hautproblemen ist dieses Tonicum eine wahre Wohltat! Aknewunden können schneller abheilen.

Zutaten:

- 2 EL getrocknete Eibisch-wurzeln
- 250 ml Heilwasser
- 3 g Manuka-Honig, MGO-Gehalt mindestens 250 mg/kg

TIPP:

Achten Sie darauf, sauber zu arbeiten. Schleimstoffe sind nicht geeignet, um sie lange zu lagern. Lieber diese Art von Tonic alle paar Tage frisch herstellen.

Herstellung:

Die Eibischwurzeln mit kaltem Heilwasser übergießen und ein paar Stunden oder über Nacht zugedeckt ausziehen lassen.

Danach kann man das Gel abseihen und nochmals durch einen Papierfilter filtern, um alle Rückstände zu entfernen.

Lösen Sie den Honig in der Gelmischung auf und füllen Sie alles in ein desinfiziertes Fläschchen.

» *Nur 3 Tage im Kühlschrank haltbar, also rasch aufbrauchen.*

Anwendung:

Geben Sie die das Gel auf ein Wattepad und tonisieren Sie mehrmals täglich Ihre Haut.

Serum und Fluids

Nachdem Ihre Haut gesäubert und geklärt worden ist, kann ein Serum oder Fluid aufgetragen werden. Dazu habe ich Ihnen zwei Rezepte zusammengestellt, die Sie je nach Hauttyp auch verändern können.

Seren und Fluids haben zwei Aufgaben: einerseits Feuchtigkeit in der Haut zu binden und andererseits Wirkstoffe Huckepack zu nehmen und tiefer in die Hautschichten zu transportieren.

Sie sind von leichter Konsistenz und dringen tief in die Haut ein. Die Vielzahl an Inhaltsstoffen von Honig, Propolis und Gelée royale gilt es in die Hautzellen einzuschleusen, damit sich die Haut vor freien Radikalen und Hautschäden schützen kann.

Je besser unsere Haut ernährt ist, desto stabiler ist sie gegen Faltenbildung, Hautirritationen und Krankheiten geschützt.

Feines Hautserum mit Propolistinktur

Gerade für Personen mit Hautirritationen, aber auch für leicht fettige/feuchtigkeitsarme Haut ist das Gel gut geeignet.

Zutaten:

- 0,6 g Hyaluronpulver
- 10 g Glycerin
- 100 ml Heilwasser
- 1 g Honig
- 2 Tropfen ätherisches Rosenöl oder 2 Tropfen Tansy Blue

1 Variante für fettige Haut und Mischhaut:

- 5 g 70 %ige Propolistinktur
- 5 g 70 %ige Rosenblättertinktur

2 Variante für trockene und alternde Haut:

- 5 Tropfen 70 %ige Propolistinktur
- 5 g Pentylene Glycol (bei sehr trockener Haut)

Herstellung:

Vermischen Sie das Hyaluronpulver mit Glycerin und rühren Sie mit einem Mixer das Heilwasser unter. Geben Sie die Tinkturen und das ätherische Öl hinzu. Vermischen Sie alles gut miteinander und füllen Sie das Gel in kleine Pipettengläschen.

» *Haltbarkeit mindestens 4 Monate*

Anwendung:

Nachdem das Gesicht gereinigt und tonisiert wurde, tragen Sie das Gel auf Gesicht und Dekolleté auf.

Gelée-royale-Fluid

für trockene, alternde, zu Falten neigende Haut

Der Aufwand lohnt sich. Ich verwende dieses Fluid schon seit Jahren und ich liebe es. Im Sommer gebe ich etwas mehr Öl hinzu und bin bestens versorgt, ohne weitere Emulsionen oder Cremen zu verwenden. Lichtschutz kann über das Fluid aufgetragen werden (siehe Tagescreme mit Zinkoxid Seite 76)

Zutaten:

- 0,6 g Hyaluronsäure
- 6 g Glycerin
- 60 g Heilwasser oder Hydrolat Ihrer Wahl
- 2 g Fluid Lecithin Super HAT (Emulgator)
- 1 g Gelée-royale-Pulver in etwas Glycerin auflösen oder in flüssiger Form
- 20 Tropfen Wildrosenöl
- 2 g Sodium PCA
- 6 Tropfen ätherischer Honig-Extrakt
- 5 g Pentylene Glycol

Bienenwaben gefüllt mit Gelée royale

Herstellung:

Hyaluronsäure mit Glycerin mischen und unter ständigem Rühren das Heilwasser und Pentylene Glycol eingießen. Danach das schon vorgelöste Gelée royale in das Gel einrühren. Sollten sich Klümpchen bilden, einfach das Gel durch ein feines Sieb streichen.

Etwas quellen lassen. Danach die Wirkstoffe Wildrosenöl, Sodium PCA und ätherischen Honig-Extrakt einarbeiten.

Am besten füllt man Fluids in Pumpspender ab, die man vorab mit Weingeist ausspült.

» *Haltbarkeit 4 Monate*

Anwendung:

Nach der Reinigung morgens und abends unter der Tagescreme oder Nachtcreme auftragen. Vor Gebrauch immer gut schütteln.

Hautemulsionen für die Tagespflege

Unterschiedliche Hauttypen brauchen unterschiedliche Tages-Emulsionen. Ich habe die Erfahrung gemacht, dass gerade alternde Haut besser und gesünder versorgt wird, wenn sie Wasser-in-Öl-Emulsionen erhält statt Öl-in-Wasser-Emulsionen.

Was ist der Unterschied?

- Bei der **Wasser-in-Öl-Emulsion** ist das Wasser (oder Hydrolat) in einer Art Tröpfchenform im Fett enthalten (z. B. Butter).

- Bei einer **Öl-in-Wasser-Emulsion** sind die Fett- und Wasserteilchen fein verteilt, die äußere Phase besteht aus Wasser. Dieser Emulsionstyp spendet viel Feuchtigkeit, lässt sich leicht verteilen und zieht schnell in die Haut ein. Er eignet sich besser für fettige Haut und Mischhauttypen.

Bei der Herstellung einer Wasser-in-Öl-Emulsion wird durch den erhöhten Anteil an Ölen und Fetten und dem zugefügten Emulgator das Wasser von den Ölmolekülen ummantelt.

Wasser diffundiert langsamer durch unsere Hautzellen, Öl wesentlich schneller, dies ist mit ein Grund, dass ich Ihnen hier zwei Varianten an veganen Emulgatoren zeigen möchte, die im Gegensatz zu Lanolin anhydrid (klassischer Emulgator) gut einziehen und unter Make-up als Tagespflege verwendet werden können, ohne eine glänzende Fettschicht zu hinterlassen, wie es bei Lanolin anhydrid meistens der Fall ist.

Der Emulgator **Phytosteryl Macadamiate** (vegane Variante zu Lanolin anhydrid) ist für trockene Hauttypen gut geeignet.

Ein weiterer Emulgator ist **Softlanae 649** (vegane Variante zu Lanolin anhydrid), der sehr reichhaltige Emulsionen entstehen lässt, die gut einziehen und im Gegensatz zu Lanolin anhydrid eher ein trockenes Hautgefühl hinterlassen und deshalb für Mischhaut und zu Unreinheiten neigende Haut empfehlenswert sind.

Wenn Sie möchten, können Sie aber auch alle Rezepte mit dem herkömmlichen Emulgator **Lanolin anhydrid** herstellen.

Bei **fetter Haut, stark glänzender Haut, starker Talgbildung** und zu Entzündungen neigender Haut würde ich auf Öl-Emulsionen ganz verzichten. **Fettfreie Hautgele** oder **Fluids** mit Honig und Hyaluron sind hier sicher die bessere Variante, um eine Überfettung zu vermeiden. Wirkstoffe wie Salbei, Schafgarbe und Ringelblume können hier ausgleichen. Eichenhonig, Manuka-Honig und Tonics mit Tinkturen können Sie in Ihren persönlichen Rezepte ergänzen.

Für alle anderen Hauttypen, die Öle gut vertragen, ist es wichtig, dass eine Tagescreme Öle enthält, die einen natürlichen Lichtschutz bieten. Ich verwende verschiedene Öle in Mischungen und zusätzlich Himbeersamen-Öl, da es durch seinen hohen Vitamin-C-Gehalt besticht.

Wenn Sie nach der Tagesemulsion mineralisches Make-up-Pulver verwenden, sind sie perfekt geschützt, denn dieses verbindet sich gut mit Ihrer Tagesemulsion und wirkt wie ein Schutzschild gegen UV-Strahlung (ca. LSF 30).

Personen, die auf Make-up verzichten, empfehle ich Emulsionen mit etwas Zinkoxid herzustellen, da es sich wie ein Spiegel auf die Haut legt und keine bedenklichen Stoffe enthält. Es reguliert den Talghaushalt unserer Haut und ist gerade bei Akne zu empfehlen. Honig wirkt in den Emulsionen reizlindernd, entzündungshemmend und feuchtigkeitsbindend. Sie können im Rezept Honig-Tagesemulsion mit Zinkoxid auch mineralische Farbpigmente einsetzen, um eine getönte Tagesemulsion zu erhalten.

Die Emulsionen entweder mit 70 %iger Weingeisttinktur (Einsatzkonzentration 10 % der Gesamtmenge) konservieren oder aber mit Pentylene Glycol (Einsatzkonzentration 5 % der Gesamtmenge), das die Haut vor Feuchtigkeitsverlust schützt und gerade bei sensibler und trockener Haut empfehlenswert wäre.

Honig-Tagesemulsion mit Zinkoxid und Himbeersamen-Öl

Lichtschutzfaktor ca. 15

Eine herrlich schützende Tagesemulsion, die unsere Haut umhüllt.

Zutaten:

Fettphase:

- 15 g Jojobaöl
- 6 g Zinkoxid, in Jojobaöl vorlösen
- 3 g Bienenwachs
- 4 g Softlanae 649
- 1 g Rosenwachs oder Jasminwachs
- 10 g Himbeersamen-Öl
- 5 g Wildrosenkern-Öl

Wasserphase:

- 20 g Heilwasser oder Rosenhydrolat

Separat vorbereiten:

- 2 g Honig Ihrer Wahl
- 5 g Rosenblätter-Tinktur mit 70 %igem Alkohol oder 2,5 g Pentylene Glycol

Wirkstoffe:

- 3 Tropfen Benzoe absolue
- 2 Tropfen ätherisches Lavendelöl

Himbeeren

Herstellung

Das Jojobaöl in einen Mörser gießen und das Zinkoxid nach und nach darin verreiben.

Fettphase abwiegen und mit dem Jojobaöl-Zinkgemisch im feuerfesten Gläschen (Teeglas) am Herd erwärmen, bis alles geschmolzen ist (ca. 60 Grad).

Wasserphase abwiegen und ebenfalls in einem feuerfesten Glas erwärmen (60 Grad), ohne Tinkturen und ätherische Öle.

Nun mit dem Stabmixer die Fettphase kurz aufmixen und die Wasserphase zügig einrühren.

Die Tinkturmischung und den Honig in die Emulsion einarbeiten und danach mit einem Spatel weiterrühren, bis die Emulsion abgekühlt ist. Nicht im kalten Wasserbad, denn durch zu rasches Abkühlen könnte die Emulsion zerfallen.

Danach nur noch die ätherischen Öle hinzumischen und in desinfizierte Cremetiegel füllen. Beschriften nicht vergessen.

» *So ist Ihre Emulsion mindestens 3 Monate lang haltbar.*

Anwendung:

Auf die gereinigte und tonisierte Haut dünn auftragen.

Orangenblüten-Emulsion mit Propolis und Alpenrosen-Honig

Für Mischhaut, trockene Haut und alternder Haut

Zutaten:

Fettphase: ohne Emulgator

- 4 g Bienenwachs
- 20 g Traubenkernöl
- 15 g Jojobaöl
- 8 g Himbeersamen-Öl

Wasserphase: nur leicht erwärmen

- 30 g Neroliblüten-Hydrolat (Orangenblüten)

Separat vorbereiten:

- 5 g Lavendeltinktur aus 70 % Alkohol
- 5 g Propolistinktur aus 70 % Alkohol
- 3 g Alpenrosen-Honig
- 1 g Gelée-royale-Pulver, in 1 Teelöffel Glycerin gelöst oder in flüssiger Form

Herstellung:

Lavendeltinktur, Honig und Propolistinktur in einem separaten Gläschen vorbereiten und den Honig darin vollkommen auflösen.

Gelée royale in Glycerin vorlösen und ebenfalls in die Tinkturmischung geben.

Fettphase abwiegen und im feuerfesten Gläschen (Teeglas) erwärmen, bis alles geschmolzen ist (ca. 60 Grad).

Wasserphase abwiegen und ebenfalls auf ca. 60 Grad erwärmen. Nun mit dem Stabmixer die Fettphase kurz aufrühren und die Wasserphase zügig einrühren.

Die Tinkturmischung in die Emulsion einmixen und danach mit einem Spatel weiterrühren, bis die Emulsion abgekühlt ist.

10 Minuten ruhen lassen und dann die Emulsion nochmals kräftig mit dem Pürierstab durchrühren. Fertig ist eine wunderbare Tagescreme, die ohne ätherische Öle auskommt, denn Lavendeltinktur und Orangenblüten-Hydrolat beinhalten viele Wirkstoffe und beduften die Emulsion herrlich.

In desinfizierte Cremetiegel abfüllen und beschriften nicht vergessen.

» *Die Emulsion ist mindestens 3 Monate haltbar.*

WICHTIG:

Emulsionen ohne Emulgatoren müssen ab und zu mit einem sauberen Spatel durchgerührt werden. Nach längerer Aufbewahrungszeit bildet sich auf der Oberfläche eine Ölschicht. Diese verringert aber weder die Haltbarkeit noch die Qualität der Emulsion.

Melissen-Honig-Emulsion

Sanfte Verschönerung für irritierte und sensible Haut

Zutaten:

Fettphase: ohne Emulgator

- 4 g Bienenwachs
- 20 g Mandelöl
- 8 g Himbeersamen-Öl
- 15 g Jojobaöl

Wasserphase:

- 30 g Melissenhydrolat

Separat vorbereiten:

- 3 g Honig mit Gelée royale
- 10 g Melissentinktur aus 70 %igem Alkohol

Wirkstoffphase:

- 2 Tropfen ätherisches Melissenöl
- 2 Tropfen ätherisches Weihrauchöl

Herstellung:

Melissentinktur und Honig in einem separaten Gläschen vorbereiten und den Honig vollkommen auflösen lassen.

Fettphase abwiegen und im feuerfesten Gläschen am Herd erwärmen, bis alles geschmolzen ist (ca. 60 Grad).

Wasserphase – Melissenhydrolat abwiegen und ebenfalls auf ca. 60 Grad erwärmen.

Nun mit dem Stabmixer die Fettphase kurz aufrühren und die Wasserphase zügig einrühren. Die Tinkturmischung in die Emulsion einmixen und danach mit einem Spatel weiterrühren, bis die Emulsion abgekühlt ist. Durch zu rasches Abkühlen (z. B. in einem kalten Wasserbad) könnten die Emulsionen zerfallen.

Danach die ätherischen Öle einrühren und die Emulsion 10 Minuten ruhen lassen. Nun nochmals mit dem Pürierstab kräftig durchrühren.

Danach in desinfizierte Cremetiegel abfüllen und beschriften.

» *Die Emulsion ist mindestens 3 Monate haltbar.*

WICHTIG:
Emulsionen ohne Emulgatoren ab und zu mit einem sauberen Spatel durchrühren. Es könnte sich eine Ölschicht bilden, die aber keinen Einfluss auf Haltbarkeit oder Qualität der Emulsion hat.

Rosen-Feuchtigkeitsemulsion mit Bernstein

Sehr ausgleichende und regenerierende Emulsion der Luxusklasse für Mischhaut, Problemhaut.

Die ***Wirkung von Bernstein*** *auf der Haut ist wenig bekannt. Bernstein ist Baumharz in versteinerter Form. Bernstein gilt als zellschützend, ausgleichend, schmerzregulierend und gerade bei Problemhaut, Akne und Unreinheiten ist er ideal einsetzbar. Den naturbelassenen Bernstein in Ölen ruhen lassen. Dort darf er mindestens 6 bis 8 Wochen bleiben. Gerne gebe ich den Bernstein in Moringaöl, das zusätzlich die Eigenschaft hat, die Haut regelrecht zu verjüngen.*

Zutaten:

Fettphase:

- 6 g Bienenwachs
- 6 g Hanfsamenbutter
- 6 g Pytosteryl Macadamiate
- 10 g Jojobaöl
- 10 g Traubenkern-Öl
- 10 g Himbeersamen-Öl
- 5 g Wildrosenkern-Öl
- 5 g Moringaöl-Mazerat mit Bernstein

Wasserphase:

- 35 g Rosenhydrolat
- 10 g Heilwasser

Separat vorbereiten:

- 6 g Rosentinktur
- 6 g Ringelblumentinktur

1 Variante:

- 3 g Manuka Honig 250 g MGO
- 1 g Gelée-royale-Pulver in ½ Teelöffel Glycerin gelöst oder in flüssiger Form

2 Variante:

- 4 g Honigspezialität mit Gelée royale und Propolis

Wirkstoffe:

- 10 Tropfen Honigextrakt

Herstellung:

Tinkturen und Honig in einem separaten Gläschen vorbereiten und den Honig darin vollkommen auflösen.

Fettphase abwiegen und im feuerfesten Gläschen direkt am Herd erwärmen, bis alles geschmolzen ist (ca. 60 Grad).

Wasserphase abwiegen und ebenfalls auf ca. 60 Grad erwärmen.

Nun mit dem Stabmixer die Fettphase kurz aufrühren und die Wasserphase zügig einrühren.

Die Tinkturmischung in die Emulsion einmixen und danach mit einem Spatel weiterrühren, bis die Emulsion abgekühlt ist.

Danach Wirkstoff Honigextrakt einrühren und die Emulsion 10 Minuten ruhen lassen.

Nun nochmals mit dem Pürierstab kräftig durchrühren. In desinfizierte Cremetiegel abfüllen und beschriften nicht vergessen.

» *Die Emulsion ist mindestens 3 Monate haltbar.*

TIPP:

Dieser Emulsion können Sie 6 g Zinkoxid beigeben, in Jojobaöl vorgelöst, als Lichtschutz.

Körperpflege-Rituale

Ich verwende gerne meine Gesichtsemulsionen für den Körper, wenn ich diese rasch aufbrauchen möchte. Was dem Gesicht guttut, ist auch für den Körper nicht zu verachten. Auch Hyaluronfluids verwende ich Sommer wie Winter für meine Körperpflege – einfach herrlich.

Nach dem Baden im Winter sind feste Bodylotions mit reichhaltigem Macadamianuss-Öl und Bienenwachs empfehlenswert. Diese schmelzen rasch auf der Haut und geben ein herrliches Hautgefühl.

Feste Bodylotion

Zutaten:

- 40 g Macadamiannuss-Öl
- 40 g Sheabutter
- 25 g Bienenwachs
- 20 bis 30 Tropfen Honigextrakt

Herstellung:

Bienenwachs und Öl zusammenschmelzen, dann in der Restwärme die Sheabutter schmelzen lassen. Wirkstoffe hinzufügen und in Seifenformen füllen. Erkalten lassen.

TIPP:
Nach dem heißen Bad oder der Dusche sanft über die Haut gleiten und verteilen.

Körperemulsion

Sehr reichhaltige Emulsion, die gut einzieht.

Zutaten:

Fettphase:

- 60 g Jojobaöl
- 20 g Weizenkeim-Öl
- 20 g Phytosteryl Macadamiate
- 10 g Bienenwachs

Wasserphase:

- 60 g Rosenhydrolat
- 20 g Rosenblätter-Tinktur (oder Nachtkerzen-Tinktur, Hopfen/Safrantinktur) aus 70 % Alkohol

Wirkstoffe:

- 6 g Honig Ihrer Wahl, ich bevorzuge hier Eichenhonig
- 10 Tropfen ätherisches Lavendelöl

Separat vorbereiten:

- 20 g Rosenblätter-Tinktur (oder Nachtkerzen-Tinktur, Hopfen/Safrantinktur) aus 70 % Alkohol

Herstellung:

Rosenblätter-Tinktur mit Honig und ätherischem Lavendelöl mischen und beiseitestellen. Fettphase abwiegen und im feuerfesten Gläschen direkt am Herd erwärmen, bis alles geschmolzen ist (ca. 60 Grad).

Wasserphase abwiegen und ebenfalls in einem feuerfesten Glas erwärmen (60 Grad) ohne Tinkturen und ätherische Öle.

Nun mit dem Stabmixer die Fettphase kurz aufrühren und die Wasserphase zügig einrühren. Die Tinkturmischung in die Emulsion einmixen und danach mit einem Spatel weiterrühren, bis die Emulsion abgekühlt ist.

In eine geeignete Flasche einfüllen, beschriften nicht vergessen.

» *So ist die Emulsion mindestens 3 Monate haltbar.*

» *Menge 200 ml*

ÄTHERISCHE ÖLMISCHUNGEN FÜR KÖRPEREMULSIONEN:

10 Tropfen Pfefferminze und 10 Tropfen Lavendel (ätherische Öle) für die Pflege der Haut im Sommer, nach dem Sonnenbad.

5 Tropfen Myrrhe und 5 Tropfen Melisse (ätherische Öle) für alternde Haut.

3 Tropfen Karottensamen-Öl, 5 Tropfen Lavendelöl und 2 bis 3 Tropfen Rosengeranie (ätherische Öle) für alternde Haut.

Die Mischungen zufügen und die Wirkung für den Körper verstärken.

Bodylotion – mein Lieblingsrezept

ohne Emulgator

Macht samtweiche Haut und regeneriert den Talgfluss

Zutaten:

Fettphase:

- 15 g Traubenkern-Öl (auch Johanniskraut-Öl ist möglich)
- 15 g Jojobaöl
- 4 g Kakaobutter

Wasserphase:

- 40 g Heilwasser
- 30 g Rosenhydrolat

Wirkstoffphase:

- 5 Tropfen ätherisches Rosenöl

Separat vorbereiten:

- 10 g Rosenblätter-Tinktur aus 70 % Alkohol
- eine Messerspitze Honig Ihrer Wahl

Herstellung:

Rosenblätter-Tinktur mit Honig mischen und beiseitestellen.

Fettphase abwiegen und im feuerfesten Gläschen am Herd erwärmen, bis alles geschmolzen ist (ca. 60 Grad).

Wasserphase abwiegen und ebenfalls in einem feuerfesten Glas erwärmen (60 Grad).

Nun mit dem Stabmixer die Fettphase kurz aufrühren und die Wasserphase zügig einrühren.

Die Tinkturmischung in die Emulsion einmixen und danach mit einem Spatel weiterrühren, bis die Emulsion abgekühlt ist. Bitte nicht im kalten Wasserbad, denn durch das rasche Abkühlen könnte die Emulsion zerfallen.

Danach nur noch die ätherischen Öle hinzumischen und in desinfizierte Gläser füllen. Beschriften nicht vergessen.

» *Die Emulsion ist mindestens 3 Monate haltbar.*

Schüttellotion mit Propolis-Tinktur

für strahlende Haut, bei Akne und für Narbenpflege

Schüttellotionen sind die einfachste Version einer Pflege ohne langwieriges Rühren oder viele Zutaten. Es gibt Schüttellotionen für das Gesicht, aber auch Sonnensprays und After-Sun-Sprays können so hergestellt werden.

Zutaten:

- 4 g Ringelblumen-Tinktur aus 70 %igem Weingeist, z. B. bei Mischhaut und fetter Haut

oder

- 2,5 g Pentylene Glycol, bei trockener und alternder Haut

- ½ Teelöffel Honig
- 10 Tropfen Propolistinktur
- 22,5 g Heilwasser oder Hydrolat (Rose, Lavendel, Melisse)
- 10 g Mandelöl
- 10 g Traubenkernöl
- 5 g Nachtkerzen-Öl oder Wildrosen-Öl

Herstellung:

Füllen Sie alle Inhaltsstoffe in einen Zerstäuber, den Sie vorab zur Desinfektion mit Weingeist ausgewaschen haben.

Vor jedem Gebrauch schütteln. Es entsteht eine leichte Milch, die sich gut auftragen lässt. Danach scheiden sich Öl und Wasser in der Sprühflasche wieder voneinander, darum ist es notwendig, diese vor jeder Anwendung durch Schütteln wieder miteinander zu verbinden.

» *Haltbarkeit mindestens 3 Monate*

Anwendung:

Auf die gereinigte und tonisierte Haut auftragen.

HINWEIS:

Nach Wunsch können Sie auch noch ätherische Öle hinzumischen. Ich habe jedoch die Erfahrung gemacht, dass wir bei der Verwendung von ätherischen Ölen bei der täglichen Hautpflege sehr sparsam umgehen sollten. Da man die Lotionen und Cremen jeden Tag anwendet, kann es leicht zu allergischen Reaktionen kommen. Eventuell zusätzlich ätherische Ölmischung, bestehend aus:

bei trockener Haut

- 3 Tropfen Weihrauch
- 2 Tropfen Neroli
- 1 Tropfen Ylang-Ylang

bei müder und beanspruchter Haut

- 2 Tropfen Lavendel
- 2 Tropfen Weihrauch
- 1 Tropfen Neroli

bei unreiner Haut

- 3 Tropfen Bergamotte
- 2 Tropfen Wacholder
- 1 Tropfen Zypresse

bei alternder Haut

- 3 Tropfen Honigextrakt
- 3 Tropfen Magnolienblüte

Handbalsam oder Fußcreme mit Propolis und Honig

Zutaten:

Fettphase:

- 5 g Hanfsamenbutter
- 8 g Bienenwachs
- 4 g Jojobawachs (in Blättchenform)
- 16 g Softlanae 649 MB

Separat vorbereiten:

- 28 g Wildrosen-Öl

Wirkstoffphase:

- 10 Tropfen Propolistinktur
- 5 Tropfen Benzoe absolue (bei Handbalsam)
- 3 Tropfen Pfefferminze (zusätzlich bei Fußbalsam)

Herstellung:

Wildrosenöl abwiegen und bereitstellen.

Fettphase abwiegen und im feuerfesten Gläschen direkt am Herd erwärmen, bis alles geschmolzen ist (ca. 60 Grad). Danach das Wildrosenöl in die abkühlende Fettphase geben und langsam weiter abkühlen lassen.

Mit einem Spatel Propolistinktur einrühren, ebenso die ätherischen Öle. Weiterrühren, bis eine homogene Creme entstanden ist. In desinfizierte Cremetiegel füllen.

» *Die Haltbarkeit beträgt mindestens 6 Monate.*

Anwendung:

Ölcremen immer auf die feuchte Haut auftragen, damit die Inhaltsstoffe gut einwirken können.

Handbalsam

für sehr raue Hände

Zutaten:

Fettphase:

- 5 g Bienenwachs
- 20 g Mandelöl
- 10 g Sheabutter
- 10 g Softlanea 649 MB

Wirkstoffphase:

- 3 bis 5 Tropfen Benzoe absolue
- 5 Tropfen Propolistinktur

Herstellung:

Bienenwachs, Mandelöl und Softlanae 649 MB schmelzen, danach die Sheabutter in der Restwärme aufschmelzen.

Mit dem Pürierstab rühren, bis die Masse abkühlt und eine homogene Creme entsteht.

Danach das ätherische Öl und die Tinktur hinzufügen. In desinfizierte Cremetiegeln füllen.

» *Die Creme ist mindestens 6 Monate haltbar, ohne Konservierungsmittel.*

Benzoe absolue

Lippenbalsam mit Honig und Propolis

Zutaten:

- 4 g Bienenwachs
- 2,5 g Sheabutter
- 7,5 g Mandelöl
- 1 Messerspitze Honig
- 0,4 g Propolis

Herstellung:

Propolis ist zur Gänze nur in Alkohol löslich und nicht, wie unsere heimischen Harze, löslich in Öl. Darum erwärme ich das Mandelöl mit dem Bienenwachs vorab, gebe dann das Propolis dazu und erwärme dieses langsam.

Propolisstücke ziehe ich so wie ein warmes Mazerat ca. 10 Minuten aus und entferne sie wieder mit einem Holzstab. Das Propolis haftet gut daran und lässt sich so aus dem Öl wieder entfernen.

Danach füge ich die Sheabutter hinzu und eine Messerspitze Honig.

Alles in ein Schraubglas oder in leere Lippenbalsamhüllen füllen und offen stehen lassen, bis der Lippenbalsam abgekühlt ist. Danach erst zuschrauben, damit sich kein Kondenswasser in dem Gläschen oder den Hüllen bilden kann. Wer mag, kann auch noch einen Tropfen ätherisches Orangenöl hinzufügen.

Ich verwende diesen Balsam gerne im Sommer als Schutz für die Lippen und gegen Herpes simplex.

» *Die Haltbarkeit beträgt 6 Monate.*

Bade-, Dusch- und Haarpflege-Rituale

Unsere Bade- und Waschrituale haben sich im letzten Jahrhundert sehr verändert. Meine Urgroßeltern fanden es am Bauernhof noch recht beschwerlich, baden zu müssen. Waschungen standen da eher an der Tagesordnung. Ganz anders bei meinen Eltern. Die wuchsen natürlich schon mit einer Badewanne auf, ohne das Wasser am Herd heiß machen zu müssen.

In meiner Kindheit gab es im Badezimmer Dusche und Badewanne. Ich wurde als Kind mindestens ein Mal pro Woche in die Badewanne gesteckt. Ich durfte mich mit Schaum umhüllen und fühlte mich wie eine Prinzessin. Ich empfand es immer herrlich, in einem duftenden Schaumbad zu liegen. Ich weiß noch, dass meine Mutter immer Mühe hatte, mich aus dem überschwemmten Badezimmer herauszubekommen.

In der heutigen Zeit, obwohl wir alle Voraussetzungen dafür hätten, gibt es in modernen Badezimmern oft keine Badewanne mehr, da das Duschen so viel schneller geht. Unsere hektische Zeit lässt uns nicht viel Platz für Rituale und Ruhe. Doch gerade Bäder sollten der Erholung und der Regeneration nicht nur von Haut, Muskeln und Knochen dienen, sondern auch der Psyche.

Bäder entstauen Körper und Geist. Sie machen frei für Neues, vermitteln Ruhe, streicheln unsere Seele und lassen uns neue Energie tanken. Ich denke an das Rosmarin-Bad oder an das Bittersalz-Bad, welches so viel Magnesium enthält, dass sich die Muskeln dankend regenerieren. Solche Bäder nutzen auch Spitzensportler.

Rosmarin

Ich habe die Erfahrung gemacht, dass Honigbäder mit Blütenpollen meinen Körper so stark regenerieren und aufbauen, dass ich jedes Mal überrascht bin, wie erholt ich am nächsten Tag aus dem Bett steige. Gerade bei Wechselbeschwerden, Regelschmerzen, Muskelschmerzen und bei Verkühlung sind diese Bäder herrlich.

Auch das Haarewaschen hat sich verändert. Früher wurden Haare mit Ölen eingerieben, damit die Kopfhaut sich regenerieren konnte z. B. mit Arganöl, Amlaöl oder Rosmarinöl. Danach wurde das Haar gewaschen und mit Spülungen, der sogenannten *Sauren Rinse*, behandelt. Das war nichts anderes als verdünnter Apfelessig.

Ich empfehle Ihnen, die alten Traditionen wieder anzuwenden. Sie werden sehen, dass sich Kopfhaut und auch Haare sehr schnell erholen. Auch gefärbtes Haar profitiert davon.

Kleistern Sie Ihre Haare nicht mit schweren Conditioners zu, sondern vertrauen sie auf Kräuter, Öle, Natron, Apfelessig, Honig und die Zubereitung von Sauerhonig. Ihre Haare, aber auch Ihre Haut, werden es Ihnen danken!

Amla

Hautpeeling mit Honig

belebend und aktivierend

Zutaten:

- 1 kleine Schüssel voll Kaffeesud, er sollte angetrocknet sein
- 2–3 Esslöffel Honig

Herstellung:

Sammeln Sie ein bis zwei Tage Kaffeesud und lassen Sie diesen etwas antrocknen. Geben Sie den Honig dazu und rühren Sie alles zu einer Paste.

Anwendung:

Auf die schon feuchte Haut auftragen und mit wenig Druck Körper und Gesicht damit abreiben. Ellenbögen, Knie und Fußsohlen intensiver behandeln. Gut abduschen und wie gewohnt den Körper pflegen. Ihre Haut fühlt sich danach streichelweich und sehr zart an.

Körperpackung mit Honig

Zutaten:

- 2 Dotter
- 5 Esslöffel Mandelöl
- 1 Teelöffel Honig
- 2 Teelöffel Sauerhonig aus Rosen und/oder Hagebutten

Herstellung:

Wie für eine Mayonnaise die Dotter mit einem Mixer verquirlen, dann nach und nach das Öl einfließen lassen, bis eine homogene Masse daraus wird.

Dann Honig und den Sauerhonig dazumischen.

Anwendung:

Den Körper gut damit einmassieren und mindestens 10 Minuten einwirken lassen.

Danach direkt in ein warmes Vollbad steigen oder eine Dusche nehmen. Eincremen danach ist nicht mehr notwendig.

TIPP:

Beginnen Sie bei den Füßen. In der Zwischenzeit können Sie schon das Badewasser einlassen. Nun die Füße in das warme Wasser tauchen und die restlichen Teile des Körpers mit der Körperpackung bedecken. Nach der Einwirkzeit in die inzwischen volle Badewanne legen.

Honig-Pollenbad mit Sahne

Dieses Bad bietet Erholung und Regeneration für das Immunsystem, für die Haut, Muskeln und die Seele.

Zutaten:

- 2 Esslöffel Honig, z. B. Eichenhonig
- 10 Esslöffel Blütenpollen
- 250 ml Sahne

Anwendung:

Den Honig sowie die Blütenpollen in das einlassende Badewasser geben. Sahne erst hinzugeben, wenn Sie in die Wanne steigen. 10 bis 20 Minuten sollte die Badezeit betragen.

Vergessen Sie nicht, Ihr Gesicht gut damit abzuwaschen. Ein Eincremen danach ist nicht mehr notwendig.

TIPP:
Pollen können die Badewanne gelb färben! Nach diesem Bad muss unbedingt gut gespült werden.

Honigbäder mit Kräutern

Kräuterbad Entspannung

Ein kleines Säckchen oder eine alte Strumpfhose mit Lavendel- und Rosenblüten füllen und um den Wasserhahn hängen, damit das einlassende Badewasser die Kräuter umspült.

Säckchen danach einfach im Badewasser schwimmen lassen und 3 Esslöffel Honig ins Badewasser hinzufügen.

Belebendes Bad

3 Esslöffel getrocknete Kräuter oder 5 Esslöffel frische Kräuter nehmen, es soll eine Mischung aus Pfefferminze und Rosmarin sein.

Mit 500 ml kochendem Wasser übergießen. Den starken Tee mindestens 10 Minuten ziehen lassen.

Dann abseihen, mit 3 Esslöffeln Honig verrühren und zum fertig eingelassenen Bad hinzugeben.

Hautklärendes Bad

3 Esslöffel Honig werden mit ca. 5 Tropfen ätherischem Lavendelöl gemischt und in das Badewasser gegeben.

Honig dient hier als natürlicher Emulgator, sonst würde das Öl auf dem Wasser schwimmen.

» *Die Menge reicht für eine Badewannen-Füllung.*

Lavendel

WEITERE ÄTHERISCHE ÖLE FÜR BÄDER	
Lavendelöl	bei Erschöpfung und Müdigkeit
Melissenöl	zur Regeneration
Nelkenöl	bei Schmerzen
Rose	zur Regeneration und Beruhigung
Rosmarin	zur Belebung

KRÄUTER FÜR BÄDER	
Hollerblüten	zur Entspannung
Johanniskraut	zur Beruhigung
Lavendel	bei Erschöpfung und Müdigkeit, erhöht die Spannkraft und klärt die Haut
Ringelblume	für die Regeneration und Beruhigung irritierter Haut und Akne
Rosen	zur Regeneration der Haut und zur Beruhigung
Schafgarbe	bei Hautproblemen und zur Wundheilung sowie bei Gelenkbeschwerden

ALL IN ONE-Duschgele für die ganze Familie

Bei Reinigungsmitteln für die Haut immer auf den pH-Wert achten. Sauerhonig in Flüssigkeiten setzt den pH-Wert herunter auf 5,5.

Unsere Haut verträgt Säure besser als Basen. Wenn der pH-Wert gut eingestellt ist, wird die Haut geschützt und trocknet nicht aus. Der Lipidfilm der Haut kann rasch wieder aufgebaut werden und unser natürlicher Schutz ist wieder hergestellt.

Zu herkömmlichen Seifen mit einem pH-Wert von 9 bis 10 würde ich nicht raten.

Duschgel und Haarshampoo für die ganze Familie

regeneriert Haut, Haare und Seele

Zutaten:

- 180 g Betain Waschtensid
- 20 g Sauerhonig mit Salbei bei Problemhaut oder Rosen für alle Hauttypen
- 10 g Moringaöl-Mazerat mit Bernstein oder nur Jojobaöl
- 3 g Nachtkerzen-Öl
- 15 g Nachtkerzen-Tinktur aus 70 %igem Alkohol
- 10 Tropfen ätherisches Ylang-Ylang
- 10 Tropfen ätherische Blutorange
- 10 Tropfen ätherische Grapefruit

Herstellung:

Alle Zutaten in eine Flasche füllen und schütteln. Fertig.

» *Die Haltbarkeit beträgt mindestens 4 Monate.*

» *Für 250 ml*

Dusch- und Haarseife mit Sauerhonig

Zutaten:

- 80 g SCS Pulver – hautschonende Waschbasis
- 20 ml Wasser, gemischt mit 1 Esslöffel Sauerhonig
- 3 g Sheabutter
- 4 g Öl Ihrer Wahl z. B. Amlaöl, Arganöl, Nachtkerzenöl
- 2 Esslöffel grüne Tonerde
- 1 Esslöffel Brennnessel-Pulver – getrocknete Blätter, fein vermahlen
- 40 Tropfen ätherische Öle Ihrer Wahl, z. B. Rose, Rosmarin, Minze, Orange, Mandarine, Lavendel

Herstellung:

Alle Pulver in einer Schüssel mischen. Flüssigkeiten in einem kleinen Gläschen mischen. Ätherische Öle auch dazugeben.

Gummihandschuhe anziehen.

Flüssigkeiten zum Pulver in die Schüssel geben und gut verkneten. Die Masse in Silikonformen drücken und fest pressen. Wird sehr schnell hart und ist sofort einsetzbar.

ALL IN ONE-Dusch- und Haarschaum mit Molkepulver

für die ganze Familie

Zutaten:

- 180 g Betaintensid
- 25 g Molkepulver
- 20 g Sauerhonig mit Lavendel
- 12 g Jojobaöl
- 3 g Weizenkeim-Öl
- 15 g Lavendeltinktur aus 70 %igem Alkohol
- 30 Tropfen ätherisches Lavendelöl

Herstellung:

Alle Inhaltsstoffe in einen Pump-Schaumbehälter abfüllen. Erst durch den Pumpmechanismus entsteht der Schaum. Sollten Sie keinen Pumpspender haben, können Sie das Duschgel auch in eine Flasche füllen. Es ist trotzdem ein herrliches Erlebnis!

» *Für 250 ml*

Saure Rinse für mehr Glanz und Halt

Je nach Haartyp einen speziellen Sauerhonig herstellen.

Zutaten:

- 1 Liter Wasser
- 2 Esslöffel Sauerhonig
- 1 bis 2 Handvoll Kräuter, je nach Haarfarbe
- Für blondes Haar: Kamille
- Für aschiges Haar: Kamille und Kornblumen
- Für dunkles und ergrautes Haar: Salbei und Rosmarin

Herstellung:

1 bis 2 Handvoll getrocknete Pflanzenteile werden mit einem Liter heißem Wasser (ca. 90 Grad) übergossen. 10 Minuten ziehen lassen.

Danach abseihen und mit Sauerhonig vermischen. Sauerhonig glättet die Haarstruktur und gibt etwas Stand.

Anwendung:

Nach dem Haarewaschen die Haare mit der *Rinse* spülen. Nicht mehr ausspülen.

Der Essiggeruch verfliegt schnell. Haare 10 Minuten im Handtuchturban ruhen lassen. Danach wie gewohnt kämmen und stylen.

TIPP:

Sie können Sauerhonige mit den gleichen Pflanzen wie für den starken Tee herstellen. Sie können der Spülung auch noch 2 Tropfen ätherische Öle zugeben, z. B. Ylang-Ylang hinterlässt einen sinnlichen Duft.

Zusätzliche Rituale für Ihre Extrapflege

Gesichtsdampfbad

für einen rosigen und erfrischten Teint

Gesichtsdampfbäder klären die Haut, durchbluten sie stark und öffnen die Poren. Danach können die Inhaltsstoffe von Masken und Packungen besser aufgenommen werden.

Zutaten:

- 2 bis 3 Teelöffel getrocknete Rosenblätter oder Johanniskraut, Melisse, Kamille, Lavendel, Basilikum
- 1 Liter kochendes Wasser
- 1 Teelöffel Sauerhonig mit Rosenblättern oder Hopfen/Safran
- Schüssel
- Handtuch

TIPP:

Hautunreinheiten können danach gut behandelt werden. Mit einem Tonic die Haut klären.

Das Handtuch nicht wie beim Inhalieren ganz verschließen, sondern offen über den Kopf hängen lassen!

Herstellung:

Überbrühen Sie Ihre Kräuter mit heißem Wasser. Geben Sie den Sauerhonig hinzu.

Anwendung:

Beugen Sie sich in einem Abstand von ca. 30 cm über die dampfende Schüssel und stülpen Sie ein Handtuch über Ihren Kopf und die dampfende Schüssel.

So kann der Dampf nicht so schnell entweichen und Ihr Gesicht wird optimal befeuchtet. Die Poren können sich öffnen.

Dauer ca. 5 Minuten.

Saunagänge mit Sauerhonig

Tolle Haut durch Porenreinigung und Entgiftung

Zutaten:

- 2 bis 3 Esslöffel Honig
- 2 Teelöffel Sauerhonig nach Wunsch

Herstellung:

Honig und Sauerhonig gut miteinander vermischen.

Anwendung:

Wie gewohnt in die Sauna gehen. Wenn Sie zu schwitzen beginnen, reiben Sie Ihren Körper mit dem Honig-Gemisch ab.

Einwirken lassen und danach gut abduschen.

Zusatzbehandlung gegen Falten

Zutaten:

- Eiswürfelformen
- Mineral- oder Heilwasser
- Sauerhonig mit Rosen oder Äpfeln

Herstellung:

Geben Sie in jede Eiswürfelform einen halben Teelöffel Sauerhonig und füllen Sie die Würfel mit Heil- oder Mineralwasser auf.

Stecken Sie einen Spieß in die Würfel, um den Eiswürfel nicht in der Hand halten zu müssen. Lassen Sie alles gefrieren.

Anwendung:

Nach dem Duschen, Baden, Dampfbad oder Sauna nehmen Sie einen dieser Eiswürfel und gehen sie zügig damit über Gesicht und Dekolleté.

Behandeln Sie so gezielt Ihre Faltenregionen im Gesicht. Das Gesicht wird straffer, glatter und durchblutet.

Gesichtsmaske für alle Hauttypen

Zutaten:

- 1 Dotter (trockene Haut)
  1 Eiklar (fettige und Mischhaut)
- 1 Teelöffel Nachtkerzen-Öl oder Wildrosen-Öl
- 1 Teelöffel Honig
- 5 Esslöffel lauwarme Milch oder Sahne

Herstellung:

Dotter oder Eiklar mit dem Öl gut verrühren, dann den Honig mit 2 bis 3 Esslöffeln Milch ganz leicht erwärmen.

Honig und Dottermasse vermengen.

Anwendung:

Die Maske auf Gesicht und Dekolleté verteilen. Wenn die Maske beginnt auszutrocknen, immer wieder mit einem Watte-Pad, das Sie mit der restlichen lauwarmen Milch oder Sahne getränkt haben, etwas aufweichen.

Nach 10 bis 15 Minuten die Maske mit lauwarmem Wasser abwaschen.

TIPP:

Wenn es einmal ganz schnell gehen muss und Ihre Haut z. B. nach dem Sonnenbad eine extra Portion Pflege braucht, können Sie Ihre selbst gerührten Honigemulsionen von Seite 76 verwenden. Mit einem Haarpinsel (siehe Foto) dick auf Gesicht, Hals und Dekolleté auftragen und 20 Minuten einwirken lassen.

Mit lauwarmem Wasser und einem Schwamm abnehmen.

Gesichtsmasken sollten Sie 1 Mal pro Woche anwenden.

Hefe-Honig-Maske

gegen große Poren und Hautunreinheiten

Zutaten:

- ½ Würfel Hefe
- 1 Esslöffel Milch
- ½ Teelöffel Honig

Herstellung:

Alle Zutaten zu einer cremigen Paste verrühren.

Anwendung:

Mit einem Pinsel oder in Milch getauchtem Wattepad auf die Gesichtshaut auftragen und gut abtrocknen lassen.

Dann die Haut vorsichtig abrubbeln und mit lauwarmem Wasser nachspülen. Hat einen leichten Peelingeffekt und hinterlässt eine strahlend gereinigte Haut.

Einfache Milchpflegecreme mit Honig

als Körperpackung

Zutaten:

- 125 ml Milch-, Ziegen-, Kuh- oder Eselsmilch
- 250 ml Öl-Mischung – zum Beispiel Sesamöl, Mandelöl oder Arganöl
- 1 EL Honig
- 1 TL Blütenpollen-Pulver

Herstellung:

Die Milch mit dem Stabmixer kurz aufsprudeln und langsam die Ölmischung hinzurinnen lassen. Es entsteht eine sehr stabile Creme.

Danach das Pollenpulver und den Honig einrühren. In eine Schüssel geben und bis zur Anwendung zugedeckt kaltstellen.

» *Für zwei Anwendungen*

» *Die Creme hält im Kühlschrank ca. 3 Tage.*

Anwendung:

Vor dem Duschen oder Baden den gesamten Körper mit der Creme massieren. Gut einwirken lassen. Danach ein warmes Bad nehmen oder duschen. Ein weiteres Eincremen ist nicht notwendig.

TIPP:
Wenn Sie ein Bad nehmen, dann lassen Sie die Creme im Gesicht länger einwirken.

Honigmassage

Honigmassagen sind ein altes Heilmittel, das bei allen Arten von Schmerzen und Blockaden hilft. Diese werden hauptsächlich bei Müdigkeitserscheinungen, Herz-Kreislauf-Problemen, Kopfschmerzen, Schwäche, Stress und zur Regeneration der inneren Organe, bei Allergien, Hautproblemen, Hautschuppen, aber auch bei psychischen Leiden wie Depressionen und Angstzuständen eingesetzt.

Durch das Auftragen des Honigs auf den Körper oder Teile davon entsteht ein Ziehen oder, wie beim Schröpfen, eine Pumpwirkung. Die führt zu einer Erhöhung der Blutzirkulation in der Haut und Giftstoffe und Schadstoffe sowie überschüssiger Talg werden aus der Haut herausgezogen. Es entsteht aus dem Honig und den Absonderungen der Haut eine gummiartige Masse, die man nach der Massage abwaschen kann.

Anwendung:

Den flüssigen Honig auf betroffene Stellen verteilen. Mit rollenden Bewegungen des Handballens drücken Sie den Honig in die Hautoberfläche. Bewegen Sie Ihren Handballen hin und her. Die Haut rötet sich dadurch. Das ist normal. Es entsteht eine gummiartige Masse, die mit warmem Wasser abgewaschen werden kann. Klopfen Sie dann mit den Fingerballen die Haut leicht ab. Dann kann nochmals Honig aufgetragen werden und der Vorgang beginnt erneut.

TIPP:

Wenn Sie die Massage im Gesicht anwenden, sollten Sie nur einen Durchgang machen und danach eine gute Pflegecreme oder ein Fluid Ihrer Wahl auftragen. Massieren Sie die Pflege mit einem Rosenquarz-Beautyroller, den Sie vorab im Kühlschrank gelagert haben, in die Haut ein. Streichen Sie damit von den Nasenflügeln zur Schläfe und hinunter zum Hals, um den Lymphfluss zu aktivieren. Auch von der Mitte der Stirn bis zum Dekolleté rollen.

Deocreme

Zutaten:

- 10 g Bienenwachs
- 40 g Kokosfett
- 6 g Jojobaöl
- 24 g Sheabutter
- 5 g Kartoffelstärke oder Tapiokastärke
- 8 g weiße Tonerde
- 6 g Natron
- 2 Tropfen ätherisches Rosmarinöl
- 2 Tropfen ätherisches Salbeiöl
- 2 Tropfen Honigextrakt

Herstellung:

Alle Fette zusammen abwiegen und schmelzen.

Stärke, Tonerde, Natron und ätherische Öle untermischen und danach entweder in einen Deostick oder in einen Cremetiegel füllen.

» *6 Monate haltbar ohne Konservierung.*

Massageöle mit Honig

zur Straffung der Haut

Zutaten:

- 180 ml Mandelöl oder Sesamöl

  oder

- Mischungen aus Sonnenblumenöl, Weizenkeimöl, Avocadoöl, Jojobaöl, Macadamianuss-Öl

- 2 Esslöffel Honig

Ätherische Ölmischungen:

- 30 Tropfen Lavendel
  10 Tropfen Neroli
  10 Tropfen Rose oder Weihrauch

  oder

- 30 Tropfen Orange
  15 Tropfen Zypresse
  10 Tropfen Geranie

Herstellung:

Alle Zutaten gut miteinander vermischen und in eine sterile Flasche abfüllen.

» *Rasch aufbrauchen.*

Anwendung:

Vor dem Baden oder Duschen den Körper mit der Ölmischung gut massieren. Kurz einziehen lassen und ein erholsames Bad oder Dusche nehmen. Ein Eincremen danach ist nicht mehr notwendig.

Honigrituale zur inneren Anwendung

Heiße Zitrone mit Honig

bei Verkühlungen

Zutaten:

- 1 Zitrone
- Wasser, abgekocht, max. 80 Grad
- 2 Teelöffel Honig nach Ihrer Wahl

Herstellung:

Wasser auf 80 Grad erwärmen.

Zitrone auspressen, den Saft in eine Tasse geben und mit 2 Teelöffeln Honig verrühren. Mit dem Wasser aufgießen.

Anwendung:

Bei Müdigkeit und Verkühlung sowie bei Halsschmerzen schluckweise trinken.

TIPP:
Wasser sollte nie zu heiß sein, da sonst die Inhaltsstoffe verloren gehen.

Angesetzte Früchte mit Honig

für den Darm

Zutaten für 500 ml:

- 500-ml-Glas zum Verschließen
- Beeren und Obst Ihrer Wahl
- 2 EL Honig
- 3 bis 4 EL frische Molke oder Buttermilch

Herstellung:

Ein desinfiziertes Glas zu ⅔ mit Obst füllen.

Honig und Milchprodukt vermischen und darüber gießen.

Einen Tag im Kühlschrank ziehen lassen, dann aufessen, sonst beginnen die Früchte durch die Molke oder Buttermilch zu gären.

» *Haltbarkeit 2–3 Tage im Kühlschrank.*

Pollentrunk

zur inneren und äußeren Regeneration, gegen Müdigkeit, bei Grippe und Erkältungen, zur Verbesserung der Haut, zur Vorbeugung von Osteoporose und bei Allergien

Zutaten:

- 1 Glas Milch / Mandelmilch / Kokosmilch
- 1 Teelöffel Pollen
- 1 Teelöffel Honig

Herstellung:

Milch erwärmen und Pollen sowie Honig einrühren. Gut vermischen und genießen.

TIPP:
Bitte besprechen Sie sich bei längeren Anwendungen immer mit Ihrem Hausarzt.

Butterbrot mit Honig und Pollen

Zutaten:

- 1 Scheibe Roggenbrot/Sauerteigbrot
- Butter Ihrer Wahl bzw. vegane Varianten
- Honig Ihrer Wahl
- Ein paar Pollen

Herstellung:

Wenn es schnell gehen muss, einfach eine Scheibe Brot mit Butter und Honig bestreichen und Pollen darüber streuen.

Es ergibt ein herrlich stärkendes Frühstücksbrot, das bei Allergien im Frühjahr, Magen-Darm-Problemen und zur Unterstützung des Immunsystems wirken kann.

Salatdressing für den Winter

natürliches Antibiotikum

Wenn es draußen kalt wird, dann verwende ich Sauerhonig als Salatdressing.

Zutaten:

- ⅓ Honig
- ⅔ Essig
- Chili
- Knoblauchzehen
- Kren
- frischer Ingwer
- Kurkuma

TIPP:

Gerne mische ich auch noch vor dem Anrichten 1 Teelöffel Senf in die fertige Salatmarinade.

Herstellung:

Dazu setze ich auf einen Liter den Honig mit Essig an. Ich mische Chili, Knoblauchzehen, Kren, frischen Ingwer und Kurkuma, fülle damit Flaschen zu ⅓ voll und gieße mit dem zuvor angerührten Sud auf.

Die Flaschen stelle ich für 3 bis 6 Wochen in den Kühlschrank und wenn Bedarf ist, seihe ich mir nach und nach immer eine der Flaschen ab.

Den abgefilterten Sud mit etwas Öl Ihrer Wahl mischen und über den Salat gießen. Herrlich einfach und sehr effektiv. Hält uns fit im Winter.

Quellen- und Literaturnachweis

Literatur

- Dr. Bohlmann Janine T., Eine kleine Rührkunde, Freya Verlag, 2020
- Braunschweig von Ruth, Das große Buch für die gesunde Haut, Verlag Stadelmann, 2022
- Braunschweig von Ruth, Pflanzenöl, Stadelmann Verlag, 2007
- Faber Stephanie, Geheimnisse der Heilkosmetik, Heyne Verlag, 1993
- Feng Shan, Schönheitsgeheimnisse der chinesischen Kaiserinnen, Verlag Irisiana, 2003
- Gaudszun Lilo, Bernstein Kosmetik, Verlag Aurum, 1999
- Dr. Harnisch Günter, Die Entgiftungsmassage Honig, Turm Verlag, 2008
- Hess Pia, Naturkosmetik, Hartmann & Medien Druck, 2019
- Kapschinski Claudia und Krämer Brigitte, Natürliche Schönheit für ihre Haut, Makossa Druck und Medien GmbH, 1998
- Käser Heike, Naturkosmetik selber machen, Freya Verlag, 2012
- Käser Heike, Naturkosmetische Rohstoffe, Freya Verlag, 2019
- Keller Erich, Essenzen der Schönheit, Orbis Verlag, 1992
- Kräuterpfarrer Weidinger, Sprich mit deiner Haut, Verlag Freunde der Heilkräuter, 1986
- Messeque Maurice, Das Messegue Kräuterlexikon, Verlag Molden, 1980
- Messeque Maurice, Die Natur hat immer recht, Ullstein Sachbuch, 1985
- Nagl Andrea, Heilen mit Honig, Seehamer Verlag, 1995
- Nedoma Gabriele, Oxymele, Aesculus Verlag, 2019
- Neuhold Manfred, Naturkosmetik und Parfum, Leopold Stocker Verlag, 2006
- Oberrisser Wolfgang, Imkerei-Produkte, Leopold Stocker Verlag, 2013
- Paszthory Emmerich, Salben, Schminken und Parfum im Altertum, Verlag Philipp von Zabern, Mainz am Rhein, 1992
- Schüttengruber Renée und Grahofer Eunike, Schönheitspflanzen und ihre Wirkungen, Freya Verlag, 2022
- Dr. med. Stangaciu Stefan, Sanft heilen mit Honig, Propolis und Bienenwachs, Verlag Trias, 2015
- Pof. Dr. Steinkraus Volker, Geheimnis schöner Haut, Verlag Krüger, 2005

Rohstoffe und weitere Informationen zu Kosmetik finden Sie unter:

- www.naturkosmetik-werkstatt.at
- www.nakobe.at
- www.schuettengruber.com
- www.styx.at

Dank der Autorin

Ein herzlicher Dank für die Möglichkeit dieses Buch schreiben zu dürfen geht an Frau Siegrid Hirsch und Wolf Ruzicka vom Freya Verlag und an all die vielen lieben Menschen die mich in meinem Leben und bei meiner Arbeit unterstützen und mich fördern!

DANKE

Platz für eigene Notizen

Fotonachweise: © Adobe Stock: COVER: 9dreamstudio (Freisteller) // KERN: Татьяна Гончарук (Waben Illustrationen) / Dgillustration12u (Bienen Illustrationen) / ellenmck S. 10 / kosolovskyy S. 11 / New Africa (Innenklappe) S. 12, (Salbei) S. 27, 56, 100 / unpict (Lindenblüten) S. 14 / Ruckszio (Fichte) S. 14, (Veilchen) 26 / Nitr (Innenklappe) S. 16 / psyfer S. 17 / natali_mis S. 20 / Valenty S. 23, 39, 55, 97, 113, 127) / ElenaMasiutkina (Gundermann) S. 26 / pisotckii (Schafgarbe) S. 27 /Sakshi (Ringelblume) S. 27 / i-H S. 28 / maxsol7 (Sanddorn) S. 29 / volff S. 30 / Arsenova S. 33 /sommai S. 41 /Popova Olga (Moringasamen) S.42, (Küchenthermometer) S. 52 / Joachim (Nachtkerze) S. 42 / slawek_zelasko S. 43 / Swapan S. 45 / Komor S. 47 / boonchuay1970 S. 48 / Jiri Hera S. 49 / funny face (Feuergläser) S. 52 / Lumos sp (Einweg-Handschuhe) S. 52 / Igor Kovalchuk (Glastiegel) S. 52 / Rokfeler (Waage) S. 52 / Coprid (Herdplatte) S. 52 / losmostachos (Pumpspender) S. 52 / okkijan2010 S. 54 / Alexander Raths S. 60 / viperagp (Safran) S. 62 / Scisetti Alfio (Hopfen) S. 62 / Diana Taliun S. 64 / Marina Lohrbach S. 65 / spline_x S. 66 / senerdagasan S. 70 / annapustynnikova S. 74 / kary1974 S. 75 / Leonid Nyshko S. 76 / p-fotography S. 85 / Soho A studio S. 87, 103 / Africa Studios S. 89 / Mira Drozdowski S. 91 / dule964 S. 93, 102 / amazing studio S. 94 / Alena Ozerova S. 96 / Björn Wylezich (Rosmarin) S. 98 / Andrew Hargraves/Wirestock (Badewanne) S. 98 / NIKCOA S. 99 / Warakom S. 4, 101 / domnitsky S. 105 / Sunanta S. 106 / evgenij918 S. 107 / rostovtsevayu S. 108 / JPC-PROD S. 109 / eAlisa S. 110 / USeePhoto S. 115 / lusia83 S. 116 / Crin S. 117 / valery121283 S. 118 / VRD S. 120 / Valentina S. 121 / Shawn Hempel S. 124 / yodaswaj S. 125 / pilipphoto S. 126 / dashu83 S. 128 / Maksym Protsenko S. 129 / trotzolga S. 131